결혼도 비즈니스다

CEO 박시연의 결혼 생활 필승 전략

결혼도 비즈니스다

박시연 지음

가연

스마트한 리더의 자세로
결혼을 대하라

이끌어가는 결혼과 이끌려가는 결혼, 당신은 어느 쪽을 택할 것인가. 이끌어가는 결혼은 계획이 있고 주관이 깃들어있으며 미래를 향한 비전이 담긴다. 배우자나 가족 간의 관계를 현명하게 조율할 수 있고 다가오는 외부의 위협에 능동적으로 대처가 가능하다. 이끌려가는 결혼은 무계획하게 하루하루 마지못해 때우며 수동적으로 살아진다. 현재를 살기가 급급하니 미래는 생각할 여지가 없다. 배우자와 가족에 대해 당당하게 자기 의견을 밝힐 수도 그들의 의견을 수용하기도 어렵다. 작은 위기만 닥쳐도 휘청거리며 곧 무너질 위험에 처한다.

가족만의 개성과 사랑이 담긴 이상적인 가정을 만들고 싶다면 당신은 주체적으로 결혼 생활을 이끌어가야 한다. 한 가정을 이끄는 리더가 되어야 한다. 결혼 생활을 성공으로 이끌고 싶다면 평범한 리더가 아닌 스마트한 리더가 되어야 한다.

스마트한 리더란 미래에 대한 비전이 확실한 사람이다. 급변하는 환경을 제대로 파악하고 새로운 것에 무한한 포용력을 발휘한다. 업무 효율화와 혁신을 통해 지속가능한 방향으로 조직을 이끌어간다. 평범한 인재라도 가능성을 최고로 끌어올려 조직 발전에 도움이 되도록 만든다.

한 가정의 스마트 리더가 되기 위해서는 우선 결혼의 속성을 간파해야 한다. 여성 사업가로서 가정과 일을 성공적으로 양립시키기 위한 치열한 고민과 시행착오 끝에 내가 내린 결론은 이런 것이다.

"결혼도 비즈니스다."

결혼에 정답은 없다. 각자의 해법이 있을 뿐이다. 나는 비즈니스 방식에서 결혼 생활을 성공적으로 이끄는 해법을 찾았다. 그러나 그것은 "망치를 든 사람은 주변 모든 것이 못으로 보인다."는 말처럼 단지 내가 사업가이기 때문에 비즈니스라는 편중된 시각에서 결혼을 본 결과는 아니다. 결혼의 근본적인 속성 속에 깃든 비즈니스의 맥락을 꿰뚫어 보았기 때문이다. 바로 거기에 이 책에서 주장하는 내용이 보편성을 획득할 근거가 있다고 여겼다.

이 책 속에는 그러한 나의 경험을 바탕으로 스마트 리더가 되어 결혼 생활을 성공으로 이끌어가는 방법을 담았다. 당신이 이 책의 권고

대로 가정의 운영을 비즈니스와 같은 선상에 놓는다면 결혼 생활을 대하는 마음가짐과 자세 자체가 달라질 것이다. 결혼 생활이란 것은 가족 구성원이 있고 가정 경제가 있고 갈등과 해소 같은 심리적 기류가 오가는 실체가 뚜렷한 존재이다. 그럼에도 '화목'이나 '행복'처럼 그 이상적인 지향점을 설명하는 기존의 단어들은 모호하기만 하다. 어디서부터 손을 대야할지조차 막막하니 그냥 살아지는 대로 살게 될 수도 있다. 그러나 스스로를 결혼 생활이라는 비즈니스를 경영하는 스마트 리더라 설정하는 순간 가정과 가족을 대하는 마인드부터 달라진다.

우선 당신은 삶의 목표가 확고해지는 놀라운 경험을 할 것이다. 목표가 설정되니 가정 일 하나하나가 당신의 컨트롤 하에 놓이게 된다. 집안일에 치여 별생각 없이 살아지던 나날들이 체계적으로 정리되며 매사 효율성을 지향하게 될 것이다.

또한 가정 경제를 책임져야 하기 때문에 신문 속 경제란을 그냥 스쳐 지나 보낼 수는 없다. 느슨하게 풀려 있던 주의력을 집중하여 공부하고 세상 돌아가는 일에 한층 관심을 기울이게 될 것이다. 남편 혹은 아이에 대해서도 결혼 생활의 성공이라는 비전과 목표가 있는 이상 절대 감정적으로만 대할 수 없다. 기업 조직의 리더가 인재를 대하는 방식처럼 인적 자원을 효과적으로 활용하고 성장시켜 궁극적으로 가정의 성공을 이루는 방향으로 변신시키게 될 것이다. 단, 이 책 속에는 가정 경제를 운용하는 방식은 다루지 않았다. 비즈니스의 핵심적인 두 축이 가치 창출을 위한 활동과 인적 관리라고 한다면 여기서는 주로 인적 관리, 즉 인간관계만을 집중적으로 다루었다. 그 이유는 결혼의 중심인 부부 사이도 또 하나의 인간관계라 생각하기 때문이다. 그에 더하여 비즈니스의 성패도 결국은 인간관계에 달려있다는 나의 지론이 그러한 방향성에 영향을 주었다.

이 책은 기본적으로 여성의 입장에서 성공적인 결혼을 위한 해법을 다루고 있다. 그러나 다른 한 편으로는 남편들을 위한 결혼 생활의 지침서이기도 하다. 결혼 생활을 바람직하게 이끌어가기 위한 방법을 담은 책의 주 독자층이나 결혼 강좌를 들으려 신청하는 사람은 대부분 여성이라고 한다. 이유가 무엇일까. 남자들은 가정 내에서 여자만큼 스트레스를 받지 않기 때문일까. 아니면 좀 더 행복한 결혼 생활을 누리는 방법에 대해 여성보다 관심이 적어서일까. 사회에서 만난 수많은 남자들의 이야기를 들어본 결과 그 예측은 명백히 틀렸다.

남편들도 가정으로 인해 갈등이 있고 고통을 느낀다. 단지 성향 상 적극적으로 타개하기 위한 방법을 찾지 않는 것뿐이다. 남자들은 운전을 하면서도 내비의 도움은 받을망정 다른 사람에게 길을 묻는 걸 꺼려하는 존재다. 그에 비해 보다 관계 지향적인 여성은 주변에서 갈등 해결의 실마리를 찾는다. 역사 문화적 특성상, 혹은 사회 분위기상 남자가 가정 내 문제를 밖에 나와 발설하거나 문제가 있다고 인정하는 것이 어려운 탓도 있을 것이다. 결혼을 다룬 책이나 강좌도 여성 대상은 흔하지만 남성을 위한 것은 드물다. 그러나 그들도 어떻게 하면 그런 갈등을 헤쳐 나갈지에 대해 똑같이 고민한다. 혹시나 아내가 이 책을 읽은 후 집안 어딘가에 던져놓으면 가족이 모두 외출한 어느 휴일 혼자 집에서 쉬다가 한번쯤 손에 들고 훑어볼지도 모를 일이다.

그래서 이 책은 그처럼 갈등에서 헤어날 방법을 몰라 고민하는 남성들이 읽어도 유용하다. 여성의 고충을 다루고 있다 해도 남편이 본다면 아내들을 이해하는데 도움이 될 만 한 내용이다. 또한 아직까지 우리 사회에서는 결혼 생활 중 아내들의 희생과 그로 인한 갈등이 더 큰 게 사실이기도 하다. 주로 남편과의 관계에서 오는 갈등인 만큼 아내 혼자 노력해서는 쉽사리 개선할 수 없다. 남편들의 폭넓은 이해와 함께 적극적 참여가 필수이다.

비즈니스 방식의 해법 역시 부부가 함께 참고해볼 수 있도록 중립적, 상호보완적 입장을 취하고 있다. 비즈니스의 특성 자체가 거래 당사자 간의 공정과 공평을 추구해야 하는 행위이기 때문일 수도 있다. 그런 이유로 가능하다면 부부가 함께 이 책을 읽기를 권한다. 각 가정의 형편에 따라 리더는 남편이 될 수도 있고 아내가 될 수도 있다. 부부가 비즈니스 파트너로서 함께 이끈다고 하는 편이 이 책의 주장에 더욱 적확하다.

어쨌건 당신은, 혹은 당신 부부는 이 책의 도움을 받아 상대를 회유하고 비즈니스 전술을 효과적으로 구사해서 성공적인 결혼을 쟁취하는 스마트한 리더가 되길 바란다. 때로 공부하고 때로 감정을 다스려 현명한 결단을 내리며 파트너를 지혜롭게 대하고 합심하면서 가정을 잘 이끌어 나갈 수 있을 것이다.

세상의 그 무엇도 노력 없이는 이루어지지 않는다. 내버려두듯 되는대로 살아간 후에 나의 파트너는 나와 성격이 맞지 않는다거나, 애초에 이 결혼은 실패한 결혼이었다는 핑계를 대지 말라. 그것은 적어도 자신이 동원할 수 있는 모든 수단과 방법을 통해 치열한 노력을 기울여 본 뒤끝에나 할 수 있는 말이다.

이 책을 읽는 당신이 만약 미혼이라면 결혼 상대를 고를 때부터 전략적인 선택을 하라고 조언하고 싶다. 무조건적인 사랑도 좋지만 그보다 평생 나와 동행할 수 있는 파트너, 결혼이라는 비즈니스를 함께 성공적으로 이끌어갈 현명한 파트너를 찾는 데 초점을 맞춰라.

박시연

CONTENTS

비즈니스의 일곱 가지 원칙

결혼 비즈니스 솔루션 Ⅰ - 자아

PART 04 결혼 비즈니스 솔루션 Ⅱ - 관계

PART 05 현명한 결혼 생활을 위한 Step by Step

비즈니스를 할 때 우리는
자신의 목적을 위해 먼저 상대방을 파악한다.
상대가 원하는 것
상대의 감정
상대가 좋아하는 것
상대가 싫어하는 것을 꼼꼼히 체크하며
성과를 얻으려 노력한다.
가끔은 상처받고 잃어도
기다리고 다시 다가가기도 한다.
비즈니스의 핵심은
상대가 무엇을 원하는지 간파하는 것이다.
즉, 사람을 읽을 줄 알아야 한다.
나는 결혼도 연애도 비즈니스처럼 하라고 말하고 싶다.

PART
01

결혼도 비즈니스다

결혼 생활에 실패하는
진짜 이유

신혼 시절, 당신 부부를 비롯한 대부분의 신혼부부는 이 세상에 우리만큼 행복한 사람들이 또 있을까 생각한다. 저렇게 자상한 남편, 상냥한 아내와 함께라면 평생이 행복할 것 같다. 세상 사람들 모두에게 나의 결혼이 얼마나 행복한지, 내가 얼마만큼 좋은 사람을 만났는지, 또 어떻게 사랑받고 있는지를 이야기하고 싶다. 그 탓에 주변 친구들은 깨소금 냄새 진동하는 당신 부부의 일상에 대해 싫든 좋든 들어줘야만 한다.

달콤한 신혼 시절이 끝나갈수록 당신은 결혼에 대해 회의가 일기 시작한다. 주변에 자랑할 말이 없어지고 불평불만이 늘어간다. 그로부터 몇 년이 지나면 행복 타령이 철없는 한때의 치기 같아진다. 아직도 그 시절의 자랑을 늘어놓는 누군가가 있다면 가식이거나 현실을 모르는 사람 같아 보이기도 한다.

매달 카드 값 메꾸느라 전전긍긍하고 영끌한 대출 이자 오르는 소식에 주름살이 팍팍 늘어간다. 그런 와중에도 남편은 틈만 나면 다른 곳으로 관심이 가있는 눈치다. 당신이 행하는 가정생활의 모든 것들에 대해 지루해하는 게 뻔히 보인다. 그때쯤 되면 당신은 마음 속 깊은 곳으로부터 후회와 원망이 생겨난다. 왜 이렇게 모든 게 변해버린 것일까. 나름 결혼 생활에 최선을 다한 것 같은데 왜 점점 나빠지고 있는 걸까. 그러면서 주변을 탓하기 시작한다.

'처음부터 엄마 말을 들었어야 했어. 궁합이 안 맞는다고 했는데 그걸 무시하다니.'
'돈 없는 사람하고 결혼하지 말라는 게 빈말이 아냐. 대체 무슨 배짱으로 이 남자와 결혼해버린 걸까.'

과연 그 때문일까. 당신의 결혼 생활이 갈수록 악화되는 게 그런 외부의 요인들 때문일까. 그렇게 생각하는 한 당신의 결혼은 절대 나아질 수 없다. 뜬금없이 마주친 재난을 빼고 인생의 모든 일은 당신 자신의 선택과 행동이 가져온 결과인 경우가 더 많다.

어떤 일을 성공시키기 위해선 우선 자신이 하려는 일의 목적을 세워야 한다. 그에 맞춰 제반 상황을 파악한 후 계획과 준비가 필요하다. 만약 회사에서 다음 주 초 전체 회의 때 프레젠테이션을 해야 한다면 그 며칠 전부터 PPT 자료를 작성하고 발표 연습까지 하게 마련이다. 그런데 당신은 당신의 결혼에 대해 얼마만큼 준비하고 노력했는가. 결혼 전 결혼의 본질에 대해 진지하게 고민해 본 적이 있는가. 당신이 결혼을 통해 달성하려는 목적에 대해서도 너무 모호하게 생각하지는 않았는가.

우리가 흔히 결혼을 생각할 때 가장 먼저 챙기는 것은 '집'이다. 그다음으로 가전제품이나 가구 등 혼수를 마련한다. 결혼 생활을 아기자기하게 풀어가려 요리학원에 다니는 사람도 있다. 하지만 그게 다일까. 생각해보면 그것은 결혼 생활의 하드웨어에 지나지 않는다. 결혼에서 보다 중요한 것은 사랑과 이해, 배려와 존중, 믿음 같은 무형의 요소들이다. 컴퓨터로 말하자면 결혼 생활을 움직이거나 작동시키는 프로그램과 기술 같은 소프트웨어다. 결혼의 행과 불행을 좌우하는 건 정작 그런 소프트웨어임에도 우리는 결혼을 지탱하는 기본적인 외형만 준비되면 모든 게 완비됐다고 착각한다. 나머지 삶은 되는 대로,

살아지는 대로 사는 경향이 있다. 그러다 뜻하지 않은 일들이 벌어지면 거기 수동적으로 끌려가며 난 왜 이렇게 불행할까를 연발한다.

인생이란 예기치 못한 일들의 연속이다. 그럼에도 불구하고 그 누구도 자기 인생이 되어가는 대로 내버려두는 사람은 없다. 부모의 훈육에 의해서든 스스로의 의지에 의해서든 앞날의 윤택한 삶을 위해 공부를 하고 기술을 몸에 습득한다. 책을 읽으며 삶에 대처하는 지혜와 노하우를 터득하려 애쓴다.

유독 결혼 생활에 대해서만은 어떠한가. 아무런 대책도 없이 결혼을 맞는 건 아닐까. 결혼을 앞두고 결혼 생활 비법을 다룬 책을 찾아보거나 강의 같은 걸 적극적으로 들어보려는 사람들은 소수에 지나지 않는다. 그런 현실이다 보니 날마다 일어나는 소소한 해프닝에 끌려가듯 대처하며 살다가 신혼이라는 특별한 기간이 끝나면 권태로운 일상에 무방비하게 내던져진다. 아이가 생기면 육아에 정신이 팔려 총체적인 결혼 생활에 대한 개관 자체가 불가능한 인식의 한계를 맞기도 한다.

그러면서 뜻대로 되어가지 않는 결혼의 삶에 대해 막연한 불안감이 생긴다. 육아며 집안일에 가정경제까지 떠맡은 자신에 비해 상대적으로 자유로워 보이는 남편에 대해서도 초조함이 생긴다. 그 결과 결혼을 성공적으로 살기 위해 행해야 하는 일들과는 정반대의 방향으로 자기 자신을 몰아넣게 된다. 어떤 일을 성공시키기 위해서는 이성을 갖고 잘 컨트롤해서 최선을 다해야 한다. 그렇게 해도 될지 안될지가 불투명한 판에, 감정에만 스스로를 내맡긴 채 일을 망치곤 한다. 어떡하든 남(의)편을 내 편으로 만들어야 결혼 생활이 편안해질 텐데 그와 딱 반대의 상황으로 몰아가는 것이다.

내 말이 틀리다고 생각한다면 지금 이 순간 자신을 한번 돌아보라. 당신은 결혼이라는 사회적 규범을 남편의 삶에 족쇄처럼 채운 채 매일의 삶을 살고 있지는 않은가. 늦게 들어오는 남편을 밤새 뜬 눈으로 지새우며 기다리고 있지는 않은가. 남편 휴대폰 속의 여자 전화번호를 뒤져내고 SNS 과학수사를 펼치며 인생을 낭비하고 있지는 않은가. 남편에게 다른 여자가 생길까봐 날마다 거울 속 초라한 내 모습을 상상 속의 그 여자랑 비교하며 삶을 비관하고 있지는 않은가. 그렇다면 당신의 결혼은 실패할 확률이 크다. 당신의 남편은 날이 갈수록 당신을 지루해할 수밖에 없다.

당신이 결혼 생활에 실패하는 진짜 이유는 남편과 궁합이 안 맞아서가 아니다. 돈 없고 무능한 남자를 만나서가 아니다. '난 원래 어렸을 때부터 뭐 되는 게 없어.' 같은 운명론적 푸념도 맞지 않다. 아무런 준비 없이 무계획하게 결혼 생활을 시작했고, 주먹구구식으로 결혼을 이어가고 있으며, 하고 있는 행동 하나하나가 결혼이 잘못되는 방향을 향하고 있기 때문이다. 그럼 어떻게 해야 할까. 실패 일로를 걷고 있는 결혼 생활을 되돌릴 수 있는 좋은 방책은 없는 것일까. 다행히 길은 있다. 놀랍게도 당신은 이미 자신 안에 그 해답을 안고 있다. 단지 인식하지 못해서 안 하고 있을 뿐이다. 이제부터 나는 당신 안의 해답을 일깨우는 쓸모 있는 해법을 제시하려 한다.

보이지 않는 선의 위험성

적을 알고 나를 알아야 백전백승이라 했다. 그 해법으로 가는 첫걸음을 떼기 위해서는 무엇보다 결혼의 속성을 간파해야 한다. 그리고 그에 걸맞은 방책을 마련하여 실제 부딪히는 일상 속의 상황에 현명하게 대처해 나가야 한다. 먼저 내 자신의 경험담으로 이 책의 주제에 접근해 보자.

살다보면 누구나 '예상치 못한 깨달음의 순간'을 만난다. 그것은 세상을 변화시킨 발명들처럼 한 번도 겪어보지 못한 것일 수도 있고 무심히 해왔던 일을 새로운 시각에서 바라보게 되는 경우도 있다. 여성 사업가인 내가 겉보기엔 서로 아무런 연관도 없어 보이는 현명한 결혼 생활의 노하우에 관련된 책을 쓰겠다고 생각하게 된 것도 일상 속의 한 깨달음 덕분이다.

얼마 전 내가 아는 한 사업가와 결혼 생활을 화제로 대화를 나눈 적이 있다. 이야기 중간에 그분은 이런 말씀을 하셨다.

"제게는 넘어서지 말아야 할 선이 있습니다. 상대가 그 선을 넘으면 화가 나더군요."

나는 그에 대해 반론을 제기했다.

"결혼 생활에 왜 선이 있습니까. 그건 대표님 혼자서 그어 버린 선이에요. 배우자 분이 거기 동의하세요? 아니잖아요. 본인만의 장벽을 쌓아놓고 그 선을 넘지 말라고 하면 일방적인 기준을 세우고 상대에게 강요하는 거나 마찬가지 아닐까요. 만약 비즈니스 관계라면 상대가 자신이 배제된 채 정해진 그 기준을 따르려 할까요. 그 선을 허무세요. 결혼 생활도 비즈니스처럼 하세요."

그 순간, 좀처럼 스스로의 입장을 철회하지 않던 그분이 잠시 생각에 잠기더니 이런 말씀을 꺼내놓으셨다.

"아… 이제 설득이 됐습니다. 다시 한번 저를 돌아보는 좋은 계기가 된 것 같아요."

그리고 문득 생각난 듯한 마디를 덧붙이셨다.

"그런데 대표님, 그걸 주제로 책을 한 번 써보시면 어떨까요. 책으로 쓴다면 여러 사람에게 도움이 될 것 같습니다."

책을 쓰라는 그분의 말씀에 웃음과 함께, "아, 정말 그걸 한번 책으로 써볼까요?" 하며 가볍게 답하고 지나가긴 했다. 하지만 그날 내 안에선 갑작스런 상념이 일기 시작했다. 지나온 삶에 대해 새삼스러운 자각이 있었기 때문이다.

나는 어려움을 헤쳐 나가는 정신력이 남보다 조금은 강한 편이다. 그 에너지를 기반으로 누군가 힘든 일을 겪을 때 고민을 들어주고 함께 해결해 나가는 걸 천성적으로 좋아한다. 그런 이유로 오래 전부터 가까운 지인들의 결혼이나 연애의 고충에 대해 내 나름의 해법과 조언을 곁들일 기회가 적지 않았다. 일종의 인생 상담에 가깝긴 했지만 나이 어린 후배들은 물론이고 선배들조차 내게 고민을 털어놓을 때면 진지하게 머리를 맞대고 바람직한 해법을 모색해나가곤 했다. 그럴 때마다 나는 늘 그들에게 "결혼도 비즈니스처럼 대하라."는 취지로 이야기해왔다. 그리고 나 또한 내 결혼 생활을 비즈니스처럼 이끌어왔다.

소용돌이치는 물속에 있는 사람은 자신이 객관적으로 어떤 상황이란 생각 없이 거기서 빠져나오기 위해 오로지 수영에만 열중할 것이다. 마찬가지로 나 역시 일상적으로 행하고 있던 내 비즈니스적 결혼생활 방식을 통찰하듯 바라볼 기회가 없었다. 그분이 "결혼 생활도 비즈니스처럼 하라."는 내 조언에 스스로를 관조하게 되었듯 그분의 권유로 인해 나 역시 내 삶의 소용돌이에서 잠시 벗어나 그 물결을 관조하는 좋은 기회를 얻게 된 것이다. 그 결과 그러한 내 독특한 삶의 방식이 나와 그분을 비롯한 가까운 사람들을 넘어 만인을 향한 보편성을 획득할 수 있지 않을까 하는 조그만 가능성을 엿볼 수 있었다.

결혼을 비즈니스처럼 대한다는 건 어떤 의미일까. 평소 일할 때를 한번 떠올려보자. 비즈니스를 할 때 우리는 상대방이 조금이라도 일의 방향을 틀거나 이쪽의 제안에 이의를 제기하면 그만큼 뒤로 빠지며 기다린다. 그러면서도 속으로는 어떻게 해야 저 사람을 설득해서 내 의견을 받아들이게 할 수 있을까 생각한다. 그 사람 기분에 맞춰 내가 다음에 어떤 말을 던지면 이 계약이 성사되겠는지 고심하며 거기 걸맞은 말을 찾는다. 책을 진행해가며 차츰 밝힐 것이지만 결혼의 속성 속에는 분명 비즈니스의 측면이 있다. 결혼 생활에서도 비즈니스에 임할 때처럼 치밀하고 조심스러운 마음가짐으로 어떡하든 상대의 마음을 얻으려 노력한다면 가정의 성공과 화목이라는 당신의 목적에 한 걸음 더 다가갈 수 있을 것이다.

결혼도 비즈니스다

제목을 보면 당신은 '그렇다 해도 무슨 근거로 결혼이 비즈니스라고 말할 수 있을까?' 하고 의아해질 것이다. 다소 뜬금없다는 생각이 들 수도 있다. 결혼과 비즈니스는 도대체 어떤 관계가 있기에 그렇게 단정 지을 수 있을까.

결혼이란 제도부터 생각의 실타래를 풀어보자. 당신은 결혼에 대해 어떤 생각을 가지고 있는가. 아마도 대부분의 사람들은 결혼이란 서로 사랑하는 한 남자와 여자가 만나 가정을 이루고 아이를 낳아 안정적으로 키우며 삶의 동반자로 인생을 함께 살아가는 것이라 생각할 것이다. 하지만 이 생각은 비교적 최근에 형성된 개념이다. 인류가 살아온 오랜 기간 동안 결혼은 오늘날 우리가 생각하는 것과는 너무나도 다른 모습으로 유지되어왔다. 역사적으로 결혼은 일종의 거래였다.

인류학자들에 의하면 수렵이나 채집으로 생계를 이어가던 원시 시절, 사람들은 대략 30명 정도가 모여 한 가족 집단을 이루었다고 한다. 집단을 이끄는 건 몇 명의 남자들이었다. 그에 속한 여성들과 아이들이 함께 살았다. 그러다가 농경 생활로 한곳에 정착하기 시작하면서 비로소 한 남자와 여자의 결혼이란 개념이 생겼다.

고대의 결혼은 남자가 자신의 2세를 합법적으로 확보받기 위한 수단이었다. 여성은 아버지에게서 남편한테 전해지는 재산 같은 의미였다. 아이를 낳지 못하면 마치 반품이라도 당하듯 원래의 집으로 되돌아가야 했다. 여성을 한 인간이 아니라 거래의 대상인 물건처럼 본 결과 도둑질하듯 남의 여자나 딸을 강제로 데려오거나 빼앗는 납치혼과 약탈혼도 가능했다. 돈이나 물품, 가축 등을 주고 아버지로부터 딸을 사오는 매매혼도 이루어졌다.

여성을 사이에 둔 결혼 거래는 중세와 근세를 거치며 더 본격화된다. 왕이나 봉건영주들은 재산의 규모를 불리기 위해 다른 나라의 돈

많은 공주를 택해 결혼을 했다. 귀족들 역시 사람 자체는 안중에도 없었다. 오로지 상대 집안의 경제력이나 권세를 보고 혼사를 결정했다. 세력 있는 집단들 사이에서는 서로의 동맹을 굳건히 하거나 안전을 보장받기 위해 딸을 시집보내는 정략결혼이 횡행했다. 자기 가문의 재산과 신분을 보전하기 위해 근친결혼도 마다하지 않았다.

서양뿐 아니라 우리나라를 비롯한 동양도 마찬가지였다. 잘 알려진 것처럼 고려의 태조 왕건은 혼인정책을 통해 불안정한 자신의 세력을 강화시켰다. 그는 망해가는 신라왕실의 왕녀를 부인으로 삼았고, 그도 모자라 자신의 딸을 신라왕에게 시집보냈다. 또 전국 각지의 힘있는 호족을 자기편으로 회유하기 위해 그들의 딸과 결혼했다. 호족 집안 역시 왕건의 편에 서겠다는 의미로 자진해서 미혼의 딸에게 왕건의 잠자리 시중을 들도록 시켰다. 그 결과 《고려사》 열전 후비전에 등장하는 왕건의 공식적인 부인은 총 29명이나 된다.

조선 말기 저 유명한 안동김씨의 세도정치도 따지고 보면 딸을 왕비로 만들고 그 아들로 왕위를 이은 후 자신들이 한 나라를 좌우한 셈이다. 오늘날에도 정재계의 혼맥이나 세계적인 상류사회의 면면을 보면 그러한 습속이 완전히 없어진 건 아니다. 결혼이란 제도 자체가 후손을 퍼뜨리기 위한 남녀의 생물학적 결합을 넘어 보다 실질적 이득을 염두에 둔 사회적인 거래 차원에서 이용되어왔고 아직도 부분적으로나마 현재진행형임을 알 수 있다.

　결혼의 역사적 속성에 담긴 거래의 흔적은 오늘날 당신이 떠올리는 결혼식 풍습에도 남아있다. 결혼식이 시작되면 신부는 아버지의 팔짱을 끼거나 손을 잡고 신랑이 서있는 곳까지 걸어 들어온다. 신랑 앞에 다다르면 아버지는 자신이 맞잡은 딸의 손을 사위의 손에 넘겨준다. 여성들은 이런 과정을 아버지의 보호에서 벗어나 남편의 보호 속으로 들어간다는 애틋한 감상의 시각으로 바라보았을 것이다. 내막을 알고 보면 이 장면 속에는 결혼이 아버지 혹은 여성의 집안과 남편 혹은 남성의 집안 간에 행해진 거래였음을 상징하는 오랜 역사가 깃들어 있다.

　여성을 다소곳하고 신비로운 존재로 보이게 하는 면사포에도 숨은 사연이 있다. 본래 면사포, 즉 신부 베일은 액운을 쫓는 의미가 있거나 결혼에 대한 신성한 마음가짐 등을 상징한다. 그러나 집안 간의 거래로서의 결혼식에서 그 실제 목적은 따로 있었다. 결혼 전 신부는 베일로 얼굴을 꽁꽁 가리고 있었다. 신랑이 다가가 신부의 베일을 들어 올리는 순간 두 집안 간의 결혼 거래는 비로소 완전히 체결되었다. 신랑은 일단 면사포를 들어 올려 신부의 얼굴과 대면하면 그 결혼을 취소할 수 없었다. 신부의 베일은 혹시라도 신랑이 미리 그녀의 얼굴을 본 후 마음이 변해 거래가 결렬될지도 모르는 비상사태에 대한 방지

책이었던 것이다.

마냥 신성해 보이는 결혼이 계산적인 이해득실을 따지는 거래였다니 어떤 이들에겐 충격으로 다가왔을 수도 있다. 하지만 그런 감정과 관계없이 우리는 여기서 한 가지 사실을 짚고 넘어가야 한다. 거래가 무엇인가. 바로 비즈니스의 근간이 아니던가. 결혼이 결코 비즈니스와 무관한 사이가 아님을 역사가 말해주고 있는 것이다.

비단 역사뿐 아니다. 결혼의 법적 형식에서도 우리는 그 속에 깃든 비즈니스 요소를 발견할 수 있다. 비즈니스를 위해 상호 간 의사를 합치하여 명확한 권리와 의무를 밝힌 계약 체결이 필수이듯 결혼의 법적 속성도 엄연한 '계약'이다. 사랑한다고 결혼이 저절로 이루어지는 건 아니다. 이 사람과 앞으로 평생을 함께하겠다는 나 자신의 선택과 상대의 선택이 일치한 혼인신고를 마쳐야 정식 부부라는 법적 관계에 돌입하게 된다. 부동산이나 상거래, 고용관계 같은 사회적인 다른 계약들과 달리 사랑과 정이라는 요소가 혼재되어 일상에서는 잊고 사는 것뿐이다. 그러나 둘 사이의 마음이 식어 이혼 법정에 들어서는 순간 그 계약은 한없이 차갑고 냉정한 본래의 속성을 드러낸다.

결혼의 일상적 모습 속에도 비즈니스의 속성이 숨어있다. 한 가지만 예로 들어보자. 결혼해서도 연인 시절의 연애 감정을 평생 이어가는 사람이 있겠지만 결혼과 연애는 확연히 다르다. 연애 때는 두 사람의 사랑이 극치를 이루는 것이 최상의 가치다. 결혼 후엔 연애 때와 달리 두 사람 사이에 함께 어울려 살아가기 위한 암묵의 협정이 체결된다. 한 사람이 요리를 하면 다른 사람이 설거지를 하는 식이다. 계약서에 적지 않았을 뿐 일종의 불문율이 싹트는 것이다. 어느 날 역할을 바꿔 한 사람이 다른 사람의 일을 한다면 그는 상대가 하던 일을 대신하게 마련이다. 내가 무언가를 주면 상대도 그에 상응하는 것을 내게 준다. 비즈니스 거래의 원초적 형태인 물물교환의 원리가 적용되는 것이다.

이쯤에서 당신은 대체 비즈니스가 무엇이기에 이렇게까지 결혼이라는 인간의 삶 속에 깊이 파고들어 있을까 하는 의문이 들 것이다. 그렇다면 비즈니스는 무엇일까. 이제 당신은 그저 막연하게 알고 있었을 비즈니스에 대해서도 살펴볼 필요가 있다. 경영인이나 판매자가 아닌 한 골치 아프게 비즈니스의 전문적 내용까진 알 것 없다. 그러나 비즈니스가 어떤 것인지 그 핵심 원리를 파악해 둔다면 가정생활을 이끌어가는 데도 유용하게 쓰일 수 있다. 우리는 비즈니스 자체가 아니라 그 원리를 빌려 쓸 것이기 때문이다.

가정의 화목과 행복이란 목적을 위해 무엇을 할 것인가 생각하는 것은 추상적이고 막연한 일이다. 그에 비해 당신이 작은 가게를 하나

차렸다고 생각하면 이해가 훨씬 쉬워진다. 그 가게가 잘되게 하려면 뭘 어떻게 해야 할까를 상상하는 편이 좀 더 구체적이고 손에 잡히는 결과를 가져다줄 것이다.

일반적으로 비즈니스란 이윤을 얻기 위해 상품을 만들어 팔거나 서비스를 제공하는 사람 또는 업체의 노력이나 행위를 일컫는다. 그와 관련된 일상적인 업무나 거래를 지칭할 때도 쓰인다. 동시에 전문적이고 상업적 혹은 산업적인 활동을 수행하는 조직이나 기업체를 의미하기도 한다. 영리적 목적으로 운영되는 업체도 있지만 자선활동을 위한 비영리적 조직도 비즈니스에 속한다. 상당히 포괄적인 용어라고 볼 수 있다.

국어사전을 참고한다면 비즈니스는 "어떤 일을 일정한 목적과 계획을 가지고 짜임새 있게 지속적으로 경영함. 또는 그 일."이라 정의되어 있다. 이러한 사전적 개념 속에는 비즈니스를 할 때 꼭 필요한 요소들이 망라되어 있다. 즉 어떤 비즈니스든 목적과 계획, 짜임새는 물론 지속성이 있어야 한다는 뜻이다. 그것은 결혼 생활을 비즈니스 방식으로 운영할 때 반드시 참고해야 할 사항이다.

한 가지 더 빼놓을 수 없는 요소는 비즈니스의 윤리다. 비즈니스가 아무리 이득을 염두에 둔 행위라 해도 금기가 있고 상도가 있다. 비즈니스의 윤리는 안 지켜도 그만인 게 아니다. 소비자의 불매운동으로 이어질 수도 있는 등 이윤 활동에 직접적 영향을 준다. 나아가 사회적 신뢰를 잃으면 기업의 존폐가 결정되기도 한다. 인류 보편의 상식에 반하거나 도덕적 가치에 역행하는 비즈니스는 필연적으로 도태될 수밖에 없다.

그런 까닭에 오늘날 기업들은 지속가능한 성장을 위해 기업의 도덕적, 사회적 책임 관련 활동인 CSR Corporate Social Responsibility을 경영 전반에 전략적으로 반영하는 윤리경영을 실행하고 있다. 또한 투자를 위해 기업의 가치와 지속적인 성장 가능성을 평가할 때도 재무적 요소와 함께 비재무 요소인 환경보호나 사회공헌, 지배구조의 투명성 여부를 계량화한 ESG Environment Social Governance 지표를 반영하는 추세다.

앞서 살펴본 것처럼 오랜 역사 속 결혼은 거래였다. 그러나 비즈니스 윤리의 시각에서 보자면 명백한 불공정거래였다. 여성의 인권이란 개념이 아예 없던 시절, 결혼이란 거래 안에서 여성은 철저히 남성에 예속된 존재였다. 자신의 의지와 관계없이 사고 팔리는 거래의 대상이었다. 이전의 결혼이란 목적에서도, 방법에서도 부당하고 불공정한 비즈니스였던 것이다.

다행히 오늘날 당신은 여성의 인권이 향상된 사회에 살고 있다. 결혼은 일방적으로 여성이 복종하거나 순응하는 단계에서 벗어나 평등

한 인간관계의 장이 되었다. 아이를 낳는 것도 개인의 선택 사항이 된 세상이다. 여성은 이제 더 이상 예전처럼 그렇게 종속적으로 살지 않아도 된다. 결혼 안에서 서로 존중하고 사랑을 나누며 인간적 성장과 성취를 이룰 수 있다. 배우자 중 한쪽이 상대에게 어떻게 하느냐에 따라 상대도 그쪽에 어떻게 대할지 태도가 달라지는 작용 반작용의 물리학적 원리가 동등하게 작용할 것이다. 비로소 남편과 아내가 법적으로 서로의 권리와 의무를 인정받는 진짜 비즈니스의 자격을 갖게 된 것이다. 이전의 결혼이 집안과 집안 간의, 혹은 아버지와 남편 간의 불합리한 계약에 의한 거래였다면 이제는 결혼의 당사자인 아내와 남편 간의 공정하고 페어플레이가 가능한 비즈니스로 자리매김하게 되었다.

당신은 이제 왜 결혼을 비즈니스와 같은 선상에 놓을 수 있는지에 대해 충분히 공감했으리라 믿는다. 결혼이라는 속성이 비즈니스적인 측면을 포함하고 있는 만큼, 사랑만 가지고는 현명한 결혼 생활을 하기 어렵다는 사실에도 동의하게 되었을 것이다. 무계획하거나 앞뒤 안 가리고 감정에 치우쳐 일을 처리하는 것은 실패의 지름길이다. 결혼도 비즈니스다. 행복한 가정생활이라는 목적을 이루려면 우리는 결혼이라는 비즈니스에서 반드시 성공해야 한다.

부부는 긴밀한
비즈니스 파트너

결혼이 비즈니스라면 배우자는 어떤 존재일까.

아무리 작은 업체나 사업이라 해도 원활한 운영을 위해서는 살펴
줘야 할 게 한두 가지가 아니다. 우선 거래처 사람들과 평소 인간적
인 교류를 해놓아야 한다. 협상 테이블에 앉아 냉정하게 담판을 지어
야 할 때도 있다. 내부적으로는 직원을 독려하고 그들의 애로와 애환
을 풀어주며 돈독한 친분을 쌓아야 한다. 본인이 편의점의 점장이라
면 이직률 높은 알바생이 지속적인 근무가 가능하도록 세심한 편의를

제공해야 한다. 만약 큰 기업의 회장이라면 회사를 변혁시킬 새로운 인재 발굴을 위해 전전긍긍해야 할 것이다. 그러는 중에도 회계적인 측면은 기본적으로 챙기고 넘어가야 한다. 합법적인 절세 방법도 모색해야 한다. 또 한편으로 경쟁업체가 생기면 그들의 동향을 살피고 고객에게 상대보다 우월한 조건을 제시하려 각별히 신경을 기울여야 한다.

결혼 생활을 놓고 본다면 결혼으로 인해 당신과 관계를 맺게 된 모든 사람이 거래 상대나 직원, 인재 혹은 고객과 같은 입장에 있다. 시부모나 친정부모, 형제자매를 비롯해서 아이, 어린이집 선생님, 학교나 학원 교사는 물론 자주 만나는 아이 친구의 부모조차 모두 그 범주에 포함된다.

게다가 당신 앞에는 생각지도 못한 큰 난관이 놓여있다. 아무리 시대가 변했다 해도 결혼이 한 집안과 다른 집안의 만남이며 그 집안 고유의 문화와 다른 집안의 문화가 만나는 계기가 된다는 사실에는 변화가 없다. 당신은 그 문화 충돌의 격렬한 현장 한가운데에 놓인 채 서로 다른 두 문화의 효과적인 융합을 위해 숱한 상처와 포기, 협상을 겪어내야 한다.

이를테면 친정에서는 김치를 담글 때 젓갈을 최소화한 담담한 맛을 이상으로 여겨졌지만 시댁이 짠 젓갈 위주의 김치를 선호한다고 해보자. 당신은 이제껏 당연하다고 생각했던 습성을 버려야 한다. 그리고 시댁 입맛을 따를 것인지 아니면 절충형으로 갈 것인지, 다 무시하고 친정 방식대로 할 건지부터 결정해야 하는 난감한 상황에 빠진다. 시간이 지나면서 어떻게든 융화가 되긴 하겠지만 그 과정에서 시어머니와의 알력, 몸에 밴 습관을 버려야 하는 스트레스 등과 부단히 싸워나가야 할 것이다.

어디 그뿐인가. 그 많은 어려움을 헤쳐 나가면서도 가정 경제를 일구고 집도 마련하며 재산을 증식해야 한다. 맞벌이 부부라면 회사나 바깥일이라는 또 하나의 사회와 가정의 일상을 조율하기 위해 이리 뛰고 저리 뛰어야 한다. 동시에 자녀의 교육에 신경 쓰며 좋은 부모가 되기 위해 노력해야 한다.

만약 그 모든 것을 혼자서 해내야 한다면 사는 일이 얼마나 벅찰 것인가. 그런데 다행히 당신에겐 그렇게 무거운 짐을 나눠 질 수 있는 동업자가 있다. 바로 배우자다. 당신은 결혼과 함께 배우자와 결혼 생활이라는 공동의 비즈니스를 시작했다. 배우자는 같이 아이를 낳고 그 아이가 훌륭하게 성장해 나갈 수 있도록 가정이라는 행복의 꽃밭을 함께 일구고 가꿔 가는 가족 비즈니스의 동반자이며 파트너이다. 당신이 흥하면 그 과실을 더불어 누리고 망하면 그 책임을 나란히 떠

안아야 하는 공동운명체이다. 가정을 평화롭고 화목한 가족들의 쉼터로 만들고, 가족 각자가 서로 존중하고 배려하며 소통하고 성장해 나가는 이상적인 장으로 만들어야 한다는 공통된 목표를 지닌 세상에서 가장 가까운 베스트 파트너인 것이다. 그렇게 생각하면 얼마나 든든한가.

그처럼 좋은 배우자의 역할은 그냥 만들어지진 않는다. 마치 사업상의 파트너와 마찬가지로 이쪽이 어떻게 하느냐에 따라 상대도 달라진다. 이상적인 존재가 되기도 하고 청개구리처럼 엇나가기도 한다. 심지어 평화의 방해꾼이 되기도 한다.

결혼도 또 하나의 인간관계이다. 세상에서 가장 밀접한 사람과의 관계로 형성된 구도인 만큼 상대에 대한 무한한 이해가 필요하다. 비즈니스의 핵심이 인간관계이듯 결혼의 요체도 인간관계이다. 대인관계가 원만한 사람은 결혼 생활도 잘 해나갈 것이다. 반대로 결혼 생활을 잘 이끌어가는 사람은 사회생활이나 비즈니스에서도 성공할 확률이 높다.

인사가 만사라는 말도 있듯 비즈니스의 성패는 사람을 잘 읽고 그들이 원하는 바를 비즈니스 모델로 얼마만큼 잘 구현하는가에 있다. 결혼 역시 배우자가 원하는 바를 간파하고 그것을 어루만져주며 상대와의 관계를 슬기롭게 유지해 나가는 것이 관건이다. 배우자를 결혼과 인생의 베스트 파트너로 만들기 위해 당신은 보다 유연하고 전략적인 자세로 상대를 대해야 한다. 왜 의무를 다하지 않느냐고 따지거나 요구하기에 앞서 상대가 기꺼이 자기 역할을 수행할 수 있도록 당신이 지닌 리더로서의 지혜와 역량을 모두 발휘해야 한다.

배우자란 리더의 입장에 보자면 때로 고객일 수도 있고 사업상의 거래 상대일 수도 있으며 직원이나 인재 같은 인적자원일 수도 있다. 당신에겐 일반고객을 충성고객으로 만들기 위해 성의를 다하거나 거래처를 확보하기 위해 남다른 이점을 제공할 때처럼 상황에 따라 융통성 있게 배우자를 대할 줄 아는 지략이 필요하다. 직원과 신뢰 관계를 쌓고 갈등을 잘 이겨나가 회사의 발전에 이바지할 수 있게 만들 듯 배우자를 존중하고 믿어줌으로써 가정의 성공에 한 축을 담당하게 해야 한다.

이 책 내용의 전반도 실은 삶의 동반자인 배우자를 베스트 파트너로 만들고 그와 잘 살아가기 위한 비법에 관한 것이다. 이 책을 끝까지 읽겠다는 마음가짐이 생겼다면 그것만으로도 당신은 이미 그 비법을 전수받을 첫 발자국을 내딛은 것이다.

결혼 생활에도
전략이 필요하다

무슨 일이든 성공을 이루기 위해서는 머리를 써서 효과적인 방법을 생각해내야 한다. 어떻게 하면 헛된 노력을 줄이면서 보다 경쟁력 있고 실패하지 않는 방법으로 목적을 이룰 수 있을까에 대한 고민과 방책이 필요하다. 이때 목적에 이르는 최적의 길을 찾아 그 방책을 세우는 것이 바로 '전략'이다.

전략이란 본래 전쟁에서 승리하기 위해 어디에서 어떤 전투들을 벌일지 계획하고 조직하여 실행하는 계책과 방법을 말한다. 전쟁 중인

데 전략이 없다면 어떻게 될까. 각급 지휘관들은 어디에서 어떻게 싸우라는 명령을 내릴 수 없다. 병사들도 총을 쏴야 할지 말아야 할지 잘 몰라 우왕좌왕하게 될 것이다. 아무리 많은 병사에 최신 병기를 갖춘 군대라 해도 적절한 계책을 짜고 그에 따라 모든 병사들을 이끄는 장수가 없다면 곧 궤멸되기 마련이다.

군사적 용어였던 전략은 이후 사회 전반으로 의미가 확산되면서 어떤 일을 이루기 위해 필요한 책략을 뜻하게 되었다. 일정한 목표가 있는 세상의 모든 일에는 전략이 필요하기 때문일 것이다. 비즈니스도 예외는 아니다. 어떤 기업이든 먼저 경영전략을 세우고 비즈니스 활동을 시작한다. 비즈니스에서 전략이란 보다 발전적인 비전 혹은 방향성을 세우고 거기 가닿을 수 있는 최적의 길을 찾아 결정하고 실행하는 것을 의미한다. 전략 없이 사업을 운영한다면 기업이든 자영업이든 장기적으로 업체를 지속할 수 없다. 더욱이 오늘날처럼 급변하는 환경에서 살아남기 위해서는 치열한 전략을 세워 대처해야 한다.

결혼 생활 비즈니스에도 반드시 전략이 필요하다. 그런데 의외로 당신은 이미 비즈니스 전략이 깃든 가정생활을 하고 있다. 가령 직장 일이 바쁜 주부라면 일주일에 한두 번씩 정기적으로 배송되는 반찬 배달 서비스를 이용하고 있는지 모른다. 매일 아침저녁 아이의 유치원 등원과 하원을 도우미 이모에게 부탁했을 수도 있다. 요즘은 소소한 집안일을 대행해주는 서비스도 점차 늘어나는 추세이다. 앱으로 부르면 아파트 단지 근처에 상주하는 집안일 대행업체 직원이 방문해서 쓰레기도 버려주고 세탁소나 음식점, 우체국에 심부름을 다녀오기도 한다. 집안일을 대신해주는 가사도우미나 신생아를 볼보는 육아도우미는 이미 고전적인 대행업으로 분류할 수 있을 것이다. 비즈니스 용어로 말하자면 당신은 가정 내 고유의 업무인 가사와 육아 관련 일들을 아웃소싱하고 있는 셈이다.

아웃소싱은 기업이 회사 내에서 수행하던 일이나 서비스를 외부의 전문 업체에 맡겨 대신하게 만드는 비즈니스 방식이다. 예를 들면 각 업체마다 자체 운영하던 콜센터는 이제 대부분 외부에 대행을 맡기고 있다. 당신이 마트에서 신선하지 않은 채소를 배달받아 교환을 청할 때 전화를 받는 상담사는 그 마트의 직원이 아니라 외부 인력인 경우가 많다. 은행이나 카드회사 등에서 걸려오는 상담원의 전화도 마찬가지다.

아웃소싱을 맡기면 회사는 자기들이 좀 더 자신 있고 중요하다고 생각하는 특정 분야에 인력과 자본을 집중할 수 있다. 또한 그 분야 외에 잡다하게 필요했던 인력이나 장비 등을 줄일 수 있어 비용이 절약되는 효과가 있다. 냉면을 전문으로 하는 음식점이 메뉴 중 왕만두만을 뚝 떼어 만두공장에서 납품 받기로 결정하는 경우를 생각해보

자. 하루 종일 만두를 만들던 인력이 필요 없어지니 매달 한두 명의 인건비가 줄어들 것이다. 만두 찜기 교체비나 가스비가 들지 않으니 비용도 절감된다. 냉면집 주인은 그렇게 절약된 돈 중 일부로 간편하게 만두를 사올 수 있다. 아웃소싱은 비용을 절감하고 일의 효율을 높이는 전형적인 비즈니스 전략 중 하나이다.

당신이 워킹맘이라면 반찬 만들기나 청소, 관공서 일 같은 소소한 집안일을 외부에 맡김으로써 잡다한 가사에서 벗어나 직무에 더 충실할 수 있다. 전업주부라면 새로 태어난 아기에게만 집중한다든지, 종일 끝도 없는 집안일에서 헤어나 자기계발의 시간을 얻을 것이다. 당신은 전략적으로 결혼 생활에 임하고 있는 것이다.

하지만 이상하게도 배우자에 관한 한 당신은 감정에 모든 걸 맡긴 맹목적인 삶을 살고 있다. 가사 부분은 스마트한 전략을 구사하면서도 결혼 생활의 핵심적인 존재와의 관계에 대해서만은 아무런 전략도 없이 되는 대로 내버려 둔다. 남편과의 관계에도 분명 전략이 필요하다. 내 결혼 생활의 파트너가 결혼이라는 나와의 비즈니스 계약에 성실히 임할 수 있도록 내가 취할 수 있는 방법들을 치열하게 고민해 보아야 한다. 오랫동안 결혼이라는 계약을 이어가고 다른 비즈니스 파트너들의 유혹에 넘어가지 않게 보다 우월한 협상 조건을 제시하는 프리미엄 전략을 연구해야 한다.

전략을 세우는 단계, 즉 목적에 이르는 최적의 길을 찾는 첫걸음은 우선 결혼의 목적이 무엇인지 스스로 생각해 보는 것이다. 그로써 그 목적을 달성하기 위해 평소 결혼 생활을 어떻게 이끌어가야 하는지 방향성을 명확히 하는 기회를 마련해볼 수 있다. 그다음엔 자기 자신의 강점과 약점을 돌아보아야 한다. 그리고 그것이 결혼 생활에 어떤 영향을 미치고 있는지 살펴봐야 한다. 그래야 잘하는 것에 집중하고 모자라는 면은 채우려 노력할 수 있다. 또한 현재의 결혼 생활에서 어떤 부분이 기회가 될지 무엇이 위기인지 파악하게 된다. 자신이 어떤 사람인지, 어떻게 결혼 생활을 하고 있는지 모르는 상태에서는 상황에 적합한 전략을 짤 수가 없다. 이처럼 성공적인 결혼 생활을 위해 전략적인 마인드를 갖게 되면서 일단 결혼의 전체적 측면을 한 번 돌아보는 것만으로도 상당히 의미 있는 진전을 이룰 수 있다.

나의 결혼,
나의 비즈니스

세상에는 서로 신뢰하고 존경하며 평생을 오순도순 살아가는 부부들이 적지 않다. 아름답고 행복해 보이는 그들은 싸우지 않고 의심하지 않으며 일상에 좋은 일들만 가득할까. 아마도 그렇지는 않을 것이다. 연애는 잠깐이지만 결혼은 길다. 긴 기간 동안 지속되는 일상이다. 우리의 마음 자체가 하루 새에도 수십 번 변하는데 본래는 남남이었던 두 사람의 마음은 오죽하겠는가. 결혼 생활을 하다 보면 좋은 날도 있지만, 그보다 갈등 어린 나날이 더 많았을 것이다. 그럼에도 불구하고 그들은 희생하고 양보하며 상대에 대한 믿음을 바탕으로 그 행복을 쟁취한 것이라 보는 게 옳다. 그냥 얻어지는 행복이란 없다. 그런 결혼 생활을 원한다면 그만큼 노력해야 한다.

항상 비즈니스처럼 가정을 이끌어나가라고 조언하는 편이다 보니 내 결혼 생활과 비즈니스에 대해 궁금해 하는 분들이 있다. 그동안 주로 상대방의 이야기를 들어왔지만, 이 지면을 빌려 내 이야기를 들려드리려 한다. 먼저 결혼 생활에 대해 이야기해 보자.

결혼하기 전 나는 독신주의에 가까웠다. 결혼보다는 지금도 계속하고 있는 이 사업에 열중해서 꼭 성공을 이루고 싶었다. 그러던 어느 날 우연히 사업장에 손님으로 오게 된 남편과 만나게 되었다. 처음에는 그저 고객 중 한 사람이었지만 여러 번의 방문과 대화를 통해 점차 가까워지기 시작했다. 그 후 여러 사람과 함께 어울린 자리에서 다른 사람을 상대하는 매너 있고 남자다운 행동, 그리고 무엇보다 진실한 모습을 보면서 저런 사람이라면 결혼해도 좋겠다는 생각을 하게 되었다. 남편은 예의 바르고 사람들을 항상 편하게 해주는 타입이다. 그 어떤 자리에서 그 누구와의 만남이라 해도 늘 상대를 즐겁게 만들어 준다.

사업장의 고객일 때부터도 서로 호감이 있긴 했다. 그때는 예의를 지키며 연락을 삼갔던 그는 사귀는 사이가 되자 적극적으로 연락을 해왔다. 남들은 사소하게 볼지 몰라도 나는 남녀관계에서도 일정한 선을 지킬 줄 아는 그에게 한층 더 믿음이 갔다.

결혼 당시 남편은 현실적으로 아직 결혼을 할 만큼 준비가 되어있지 않았다. 하지만 나는 확신이 있었다. 내 눈에는 그가 심성이 착하고 기본이 된 사람이라는 게 보였다. 결혼할 상대에 대한 내 기준은 딱 두 가지였다. 첫째는 기본이 되어있는 사람, 두 번째는 평생 이혼하지 않고 나와 함께 화목한 가정을 꾸려갈 동반자가 될 수 있는 사람이다. 이혼하지 않고 오랫동안 같이 잘 살아나가기 위해서는 이해력 있고 도량이 넓은 사람이어야 할 것이다. 그는 그런 조건에 꼭 맞는 적임자였다. 결혼에 필요한 돈이라든지 그 외의 것은 전혀 따지지 않았다. 사람 하나만 괜찮다면 그 나머지는 살면서 함께 얼마든지 만들어갈 수 있다고 생각했다. 서로 부족한 점을 채워주고 맞춰가며 같이 만들어가는 것이 바로 내가 생각하는 결혼이었기 때문이다. 분명 나는 그와 함께 좋은 에너지를 합쳐 행복한 결혼 생활을 이뤄낼 수 있을 거라 믿었다. 그리고 내 눈엔 사업적 측면에서도 성공을 거두어 부자가 될 우리의 미래가 보였다. 대부분의 사람들은 완벽하고 이상적인 결혼 상대를 찾아다닌다. 그에 비해 누군가 내게 "이상형이 어떤 사람이냐?"라고 묻는다면 나는 이렇게 대답하곤 한다.

"완벽한 이상형을 왜 찾는가. 내가 바라는 이상형이란 본래부터 거기 존재한다기보다 내 스스로 만들어가는 것이다. 자신이 먼저 어떤 사람이 되느냐에 따라, 어떻게 하느냐에 따라 원하고 바라는 이상형이 만들어지기도 하고 없어지기도 한다. 이상형이란 결국 나 자신의 의지에 달린 것이다.”

또 한편으로 나는 부부관계를 성공으로 이끄는 가장 중요한 요소가 '상대에 대한 헌신'이라 생각한다. 서로를 존중하고 인정하며 그 사람이 좋아하고 잘하는 일을 더 잘해나갈 수 있도록 나를 헌신하는 부부 사이야말로 이상적인 관계라 생각한다. 그런 면에서 우리 부부는 같은 생각과 성향을 지녔다고도 할 수 있다.

남편은 자상하고 포용력 있으며 한결같은 사람이다. 내가 밖에서 사업을 잘 해낼 수 있도록 기꺼이 손발이 되어준다. 남편의 외조는 내가 사업적 역량을 백퍼센트 발휘할 수 있게 도와주는 크나큰 동력이다. 무엇보다 그는 나의 성향과 개성을 존중해주며 나를 진실하고 이해심 있고 큰 그릇을 지닌 사람이라 생각해준다. 내가 성취하는 일들에 대해 늘 존경을 표한다. 항상 “내 아내지만 진심으로 당신을 존경한다.”고 말해주기도 한다. 그런 말을 들을 때면 가슴이 뭉클해진다. 그럴 뿐만 아니라 내가 원하고 좋아하는 것이라면 어떤 것이든 해줄 용의가 있고 실제로도 그렇게 한다. 그런 남편을 볼 때마다 나는 더 좋은 아내가 되기 위해 노력하게 되고 매사에 최선을 다하게 된다.

사실 나는 맺고 끊는 것이 확실하고 하고자 하는 일에 대한 추진력이 강한 성격이다. 일에서도 한 번 아닌 건 뒤집어엎고 다른 방향으로 밀고 나가는 과단성이 있다. 그런 까닭에 겉보기에는 내가 결혼 생활의 모든 것을 좌우하는 것처럼 보이기도 한다. 그러나 실제로는 그 반대일 수도 있다. 나는 남편에게 내면에서 우러나오는 존경심을 갖고 있다. 그 크고 넓은 마음 씀씀이가 우리 가정을 안정되게 유지하는 든든한 배경이며 토대라 느낀다. 남편은 양보하고 리드하면서 나를 움직이는 우리 집의 진짜 실세가 아닐까 싶다.

우리 부부의 결혼 생활은 보통의 시각으로 보기에 일반적이진 않다고 느낄 수 있다. 나는 남편을 결혼이라는 족쇄로 묶어 놓고 싶지 않다. 오히려 자유롭게 살 수 있도록 배려하고 북돋아주는 편이다. 한 예로 룸살롱 같은 유흥업소는 보통 아내 몰래 간다는 인식이 있지만 나는 남편에게 잘 놀고 오라며 용돈까지 챙겨준다. 상대적으로 남편 또한 내게 대해 무한한 관용을 베푼다. 남편은 내가 결혼했다는 부담감 없이 결혼에 얽매이지 않고 자유롭게 나만의 삶을 누리는 게 자신의 가장 큰 꿈이라고 말해주는 사람이다. 보통 사람들이 이해하기 힘들 수도 있을 만큼 개방적인 우리 결혼 생활에서 남편은 한 번도 내가 아닌 다른 여자를 좋아해 본 적이 없다. 흔히 말하는 어떤 '선'을 넘어선 일도 없다. 서로의 자율적 의지에 대한 배려와 신뢰, 결혼이라는 틀에 대한 고정관념을 깬 우리들의 현실적인 삶이 상대에 대한 성실성을 지키게 하고 서로에게 더욱 강한 믿음을 주며 결국은 올바른 길을 향하게 이끄는 길잡이가 된다고 생각한다.

남편은 지금 내가 처음 결혼할 때 믿었던 것처럼 인간성과 성실성, 내면의 진실성으로 주변에 신뢰감을 얻고 있다. 사람들에게 우리의 결혼 생활에 관한 이야기를 들려주면 대개 비슷한 반응을 보인다. 우선은 우리 부부의 독특한 삶의 방식에 대해 감탄한다. 그리고 그 비결을 묻는다. 우리가 여느 부부들과 달리 구체적으로 어떻게 살아가고 있는지는 그리 중요하지 않다. 결혼 생활이란 각자 주어진 환경 속에서 그에 맞는 적절한 해답을 찾으며 살아가는 지극히 개별적인 삶이기 때문이다. 단지 다른 부부들과 마찬가지로 평범한 결혼 생활을 이어나가는 한 사람으로서 내가 택한 방식에 한해 답을 한다면 비결은 딱 하나다. 결혼을 비즈니스 마인드로 대하면 된다.

누군가가 나에게 '아마존 퀸'이라고 별명을 붙여주었다. 꾸밈없고 순수하며 강하다는 의미로 누군가가 붙여준 별명인데 내 비즈니스 스타일과 지향점, 삶의 정체성을 한마디로 집약하고 있다는 생각이 든다.

아마존은 잘 알려진 것처럼 브라질의 열대우림지대이다. 그 이름의 유래에는 재미있는 사연이 얽혀있다. 1500년 경 스페인 사람들이 처음 이곳을 탐험할 때 활을 잘 쏘는 여자 원주민들의 공격을 받는다. 그들은 그 여인들의 모습에서 그리스 신화 속의 전사 부족인 아마조네스, 즉 아마존 족을 떠올린다. 그런 까닭에 그 지역에 아마존이란 이름을 붙인 것이다.

아마존 족은 여성들로만 이루어진 부족이다. 남자 아이가 태어나면 없애 버리고 여자아이만 길렀다. 말타기와 활쏘기에 능한 아마존 여성 전사들은 전장에 나가 다른 나라의 남자 전사들과 싸워 이기며 용맹을 떨쳤다. 트로이 전쟁의 영웅인 아킬레우스는 전투 중 아마존의 여왕을 죽인 후 그 얼굴이 아름다워 사랑에 빠졌다고 전해진다. 전설로만 전해 내려오던 아마존의 이야기는 실제 관련 유적이 발견되며 역사상의 사실로 인정받고 있다.

지구상에 존재하는 산소의 3분의 1이 아마존강 유역에서 만들어진다고 한다. 끝없이 펼쳐지는 아마존의 장대한 숲과 강은 다양한 생물을 키우는 생명의 근원이 되어주고 있다. 나는 세상을 숨 쉬게 하는 아마존의 강인한 생명력과 에너지를 내 안에 담고 싶다. 그리고 그런 에너지로 세상 사람들에게 산소처럼 꼭 필요하고 선한 영향력을 전파하는 사업가가 되었으면 한다.

시댁과 친정이라는
두 개의 축

결혼 생활에는 남편과의 관계만 있는 게 아니다. 시댁과 친정이라는 거대한 두 축이 버티고 있다. 특히 여성들에게는 시댁이 떠올리기만 해도 마음의 부담인 경우가 많다. '시월드'라는 인터넷 용어도 주로 시댁에 대한 부정적 의미로 사용되고 있다. 가끔 방송 같은 데서 시부모를 친부모처럼 허물없이 대하는 며느리를 보면 먼 남의 나라 이야기처럼 여겨지기도 한다.

하지만 그건 정말로 현실과 다른 동화 속 이야기 같은 걸까. 나는 그렇지 않다고 생각한다. 본인의 노력 여하에 따라 시댁은 얼마든지 친정만큼 편한 내 편이 될 수 있다. 몇몇 특수한 경우를 제외하고 대부분의 부모는 자식이 평안한 가정생활을 하길 원하기 때문이다. 아들 며느리가 시집 문제로 갈등을 겪고 다니러 올 때마다 싸움이 나는 걸 원할 리 없다. 그분들도 그런 시절을 겪었고 이제는 인생의 많은 면을 볼 수 있는 폭넓은 시각과 이해력이 있다. 이쪽에서 먼저 성의와 진정성을 갖고 시부모를 대하면 그러한 기본적인 부모의 마음과 통하기 마련이다.

나의 시어머님은 나를 그 누구보다 믿어주시고 절대적인 지지를 보내주시는 분이다. 한번은 이런 이야기를 들려주셨다. 아마도 어머니는 종종 로또를 구입하셨던가 보다. 당신 자신의 영화보다는 그게 당첨되면 얼마는 아들한테 주고 또 얼마는 딸들 줘야겠다며 오로지 자식들을 위한 꿈을 꾸셨다. 그런데 어느 날 문득 이런 생각을 하셨다고 한다.

'하느님께서 우리 집에 이미 로또를 보내주셨는데 내가 왜 또 욕심을 낼까.'

그 이후 어머님은 로또를 절대 사지 않으신다고 한다. 며느리인 나를 엄청난 행운인 로또로 생각하시기 때문이다. 그런 말씀을 들으며 나는 울컥 눈물이 났다. 처음 인사드리러 갔을 때부터 어머님, 아버님은 인품이 뛰어난 분들임이 느껴졌다. 두 분 다 인자하셨고 '사람을 귀하게 여기는 집안이구나.' 하는 생각이 절로 들 만큼 성의를 다해 대해주셨다. 그런 인상은 지금까지도 변함없이 이어지고 있다.

혼히들 명절 스트레스를 이야기하지만 내가 명절에 시댁에 내려가면 어머님은 이미 음식을 다 해놓고 기다리신다. 내겐 그 근처에 사는 절친과 만나고 오라고 말씀하신다. 친구는 부모도 없이 혼자 지낸다. 어머님은 내가 그 친구를 좋아하는 걸 잘 아시니 내려간 첫날은 당연히 그 친구와 같이 있을 거로 생각하신다. 명절이라 내려왔지만 오래간만에 친구와 만나 늦게까지 회포를 풀다 들어오거나 그 친구 집에서 자고 올 거라 여기시는 것이다. 그리고 그게 내가 스트레스를 푸는 유일한 방법일 거라고 이해해 주신다.

"시연아, 가. 가서 친구 만나고 와. 늦게까지 있다가 들어와도 돼. 하린인 내가 볼 테니까 아무 걱정 마라. 애 순해서 소리 없이 잘 놀더라. 나갔다가 이야기가 길어지면 그냥 자고 와 시연아, 늦으면. 걱정하지 말고 푹 쉬다 와라."라고 말씀하신다. 어떤 때는 명절 아침에 그 친구도 불러서 같이 밥을 먹자고 챙겨주신다.

"야, 음식이 이렇게 많은데 숟가락 하나 더 얹으면 되는 걸 뭐가 어럽겠냐. 친구가 부모도 없이 혼자 얼마나 외롭겠니."

어머니는 정말로 인정 많고 자상하신 분이다. 식사가 끝나고 설거지를 하려고 하면 옆에 다가와 살며시 말씀하신다.

"얘, 넌 설거지 하지 마라. 언니들 있는데 뭐 하러 네가 하니."

언니들이란 시댁에 다녀오신 시누님 두 분이다. 엄마 마음에 딸들도 마냥 애틋하실 텐데 그런 귀한 딸들을 시키고 며느리를 챙겨주시는 그 마음 씀이 한없이 고맙기만 하다. 평소에도 어머니는 "시연아, 전생에 너는 분명 내 딸이었다."라고 하시며 나를 딸처럼 아껴주신다. 본래는 온 집안이 회를 안 좋아하셨는데 내가 들어오고부터는 회를 좋아하는 내 기준에 맞춰 밥상에 올리기도 하신다. 문자를 보내실 때도 항상 나를 "우리 복덩이, 우리 복덩이."라 표현하신다.

혹시라도 우리 부부 사이에 작은 트러블이 생기면 아들보다 며느리인 내 편을 들어주신다. 늘 나를 대신해서 아들을 야단치시고 내 심정을 그 누구보다 잘 알아주신다. 언젠가 차를 같이 타고 가던 중 남편의 폰으로 어머님의 전화가 걸려왔다. 남편이 운전 중이니 스피커폰으로 들려오는 어머님의 음성을 본의 아니게 엿듣게 되었다.

"아들아 엄마가 이렇게 부탁한다. 시연이가 힘들잖게 네가 설거지도 하고 이것저것 시연이 좀 도와줘라."

내가 옆에 있는 줄 모르시고 아들과 단 둘만의 대화라 생각하셨을 테니 내게는 어머님의 진심이 고스란히 전달되었다. 어머님은 나를 아껴주시는 진실한 사랑으로 내가 남편을 더욱 사랑할 수 있도록 만들어주시는 분이다.

그처럼 며느리를 존중해주시는 시댁의 진정성 어린 마음은 우리의 가정생활에도 긍정적인 영향을 주고 있다. 내가 남편을 존중하고 결혼 생활을 잘하려고 한층 더 노력하게 되는 이유 중 하나이기도 하다. 나는 그것이 돈 같은 것과는 절대 바꿀 수 없는 중요한 요소라 생각한다. 세상에는 잘사는 집에 들어갔다가 사람대접도 받지 못한 채 상처란 상처는 다 받고 이혼하는 경우가 얼마나 많은가.

마음으로 대해주시니 나도 그분들께 마음이 갈 수밖에 없다. 그래서 명절이 아닐 때도 시댁에 간다. 정말 가고 싶고 뵙고 싶어서이다. 어떤 때는 막 떼를 쓴다. 어머니 좀 오시면 안 되냐고, 아버님 좀 오시라고. 어쩌다 친구분들 결혼식 같은 게 있어 시아버님만 올라오시면 어머니도 같이 오시라고 전화를 드린다. 어머니가 사정이 있어 못가겠다 하시면, "어머니, 제가 지금 얼마나 기다리고 있는데요, 안 돼요.

하린이도 할머니를 얼마나 보고 싶어 하는데요." 하며 기어이 올라오 시게 만든다.

어머님은 늘 선한 말씀과 마음으로 나와 주변에 깊은 감화를 주신 다. 생각해보면 남편도 어머님과 비슷한 면이 있다. 나를 자유롭게 해 주고 간섭하지 않지만 내 스스로가 의무를 다할 수 있도록 만든다. 자 연스럽고 느슨하며 사심 없이 대해주지만 그것이 내 마음을 움직이고 최선을 다하게 하는 원동력이 되는 것이다. 어머님이 내 마음을 다독 여주시는 조언으로 내 스스로가 남편한테 잘하게끔 하는 역할을 해주 시는 것처럼 남편도 나를 이해해주고 존중하며 편하게 해줌으로써 내 가 근본을 지키도록 리드해 준다. 앞서 말한 것처럼 겉으로는 남편이 내 비위를 맞추고 마치 자기가 나를 더 좋아하는 것처럼 하지만 나를 다스리는 실세인 것이 분명하다.

세상에는 나를 나쁘게 하는 사람도 있고 좋은 쪽으로 이끄는 사람 도 있다. 상대가 어떻게 하느냐에 따라 나 자신도 더 좋은 쪽으로 변 화하게 된다. 내가 좋은 사람이 되려면 먼저 노력해야 하는 측면도 분 명 있지만 주변에 좋은 사람이 있어야 그 영향력으로 더욱 더 성장할 수 있다는 걸 시어머님과 남편을 보며 깨닫는다.

항상 나를 믿어주시고 이해해주시는 시부모님들의 응원은 마음 든든한 자양분이 되어주고 있다. 그리고 무엇보다 내 일과 일상을 굳건하게 떠받쳐주고 있는 남편의 자상한 외조는 오늘날 내 성취의 마중물이 되었다. 내가 사랑하고 나를 아껴주는 분들, 그리고 나의 아이를 위해서라도 나는 성공을 향한 도전을 멈추지 않을 것이다. 또한 앞으로도 계속 우리의 가족 비즈니스를 위해 노력할 것이며 더 많은 것을 이루기 위해 깨어있을 것이다. 비즈니스의 성공에 대한 나의 동기와 의지는 결국 가족에 대한 사랑에 기초하고 있는 것이다.

이른 나이부터 경영자로서 사업에 매진해온 내 비즈니스에 관한 이야기는 또 다른 지면에서 자세히 밝힐 기회가 있을 것이다. 이 책에서는 다음에 이어지는 순서를 통해 내 비즈니스 이력을 관통하는 나만의 비즈니스 원칙을 소개할까 한다.

스스로 확신을 가져라.
상대가 원하는 것을 파악해라.
끝까지 의리를 지켜라.
투자라 생각하고 먼저 베풀어라.
믿었으면 의심하지 마라.
실수를 책망하지 마라.
열린 마음으로 과감하게 혁신하라

비즈니스의
일곱 가지 원칙

결혼 생활에도 통하는
비즈니스 원칙 일곱 가지

'비즈니스'라고 하면 사람들은 우선 돈이나 이득을 떠올린다. 이 윤을 얻는 것이 비즈니스의 목적이긴 하다. 그러나 그게 다는 아니다. 사업의 경험이 쌓일수록 진정한 비즈니스 속에는 인간이 있고 철학과 가치가 있으며 삶의 진리가 숨어있다는 걸 깨닫는다. 돈에만 얽매이는 건 작은 장사꾼이다. 진정 성공하는 사업가는 보다 큰 비전을 향하며 결코 인간됨의 가치를 잃지 않는다. 내게는 그런 생각에 입각한 몇 가지 비즈니스 원칙이 있다.

세상에는 나보다 큰 성공을 이룬 사업가가 많다. 그들의 부의 규모에 비하면 내가 이룬 건 태산 앞의 티끌에 지나지 않을 수도 있다. 하지만 나는 사업을 해오는 동안 설령 내게 손해가 온다 해도 그러한 원칙들을 고수해왔기에 스스로의 성취에 대해 그 어떤 사업가보다 잘해냈다고 자부할 수 있다.

오늘날의 나를 있게 했고 내 자존감의 근원이며 나를 지탱해주는 비즈니스 원칙들을 적어보려 한다. 비즈니스 하는 마인드로 결혼을 운용한다는 것에는 이런 요소들이 기저에 깔려있다. 비즈니스라는 개념을 단순히 이득을 얻고자 하는 행위로만 본다면 얄팍한 계산에 의한 인간관계와 혼동할 수 있다. 그러나 인간적인 면에 기초한 이 원칙들을 고수하는 한 결혼 속에서 비즈니스를 구현한다는 것이 얼마나 가치 있고 값진 일인지 이해할 수 있을 것이다.

스스로 확신을 가져라

이제껏 내 삶을 이끌어온 모토는 "내 인생에 불가능이란 없다."이다. 나는 내 인생에서 성공이라는 집을 짓기 위해 한 계단 한 계단 툻아 올라왔다. 그 과정에서 마음먹은 일은 모두 이루어냈다. 무엇이든 하고 싶은 게 있으면 이미 그 일이 이루어졌다고 생각하는 것이 그 비결이다. 안 될 거라는 상상이나 포기 같은 부정적인 생각은 전혀 하지 않는다. 무언가를 이루고 싶을 때는 우선 성공한 상태에 대한 그림을 그린다. 그리고 그 일이 이루어진 다음 단계의 일을 미리 생각한다.

무엇보다 어떤 일에 대한 확신을 굳히면 나는 그 일이 이루어질 수밖에 없도록 제반 상황을 만든다. 무한한 열정으로 끈기 있게 토대를 다져나간다. 그 결과 어떤 일을 해야 한다고 생각하면 반드시 이루어졌다. 그것은 단순한 자기 암시를 넘어 '난 하면 하는 사람'이라는 스스로의 기대에 대해 지켜야 할 약속과도 같다. 한 번도 내 자신과의 그러한 약속을 어겨본 적이 없다. 나는 나 자신을 굳건하게 믿는다. 타고난 재능과 탄탄하게 쌓아올린 실력에 대한 강한 신뢰가 있다. 한 번 하겠다고 마음먹은 것은 될 때까지 밀어붙이는 추진력도 있다. 내게 있어 그것은 성공을 부르는 그 무엇보다 값진 보물이 아닐까 싶다.

된다고 믿는 긍정적인 자세는 매사에 밝은 에너지와 추진력을 준다. 나는 내 인생에 실패는 없다고 생각한다. 실패란 성공으로 가는 과정의 일부일 뿐이다. 내가 몰랐던 것을 알기 위해 겪어야만 했던 시행착오의 과정인 것이다. 뭔가를 시도했을 때 뜻대로 되지 않은 경험은 성공으로 가는 길의 발판이며 밑거름이다. 그런 생각이 있기에 나는 혹 크고 작은 실패를 하더라도 내 인생에 유용한 경험이 될 수 있도록 나를 업그레이드시키는 계기로 만들어왔다. 성공한 이들에게 인생의 전환점은 위기의 순간 또 다른 자아를 발견함으로써 찾아오듯 나 역시 사업의 실패를 배움과 깨달음의 기회로 삼아왔다. 앞으로의 내 인생은 실패의 경험을 기반으로 더욱 더 다져지고 앞으로 나아갈 것이다.

인간관계에서도 마찬가지다. 사람 때문에 상처가 생긴다 해도 더 큰 사람이 되어 가는 과정에서 사람을 알아보는 눈을 틔워 주는 수업을 받았다고 생각한다. 그런 생각으로 나를 힘들게 했던 사람도 다시 만나 웃으며 반기고 내게 도움이 되는 사람으로 만든다. 이런 내 삶의 자세는 주변 사람에게 영향을 주기도 한다. 가령 우리 직원들은 내가 새로운 일을 시도한다고 하면 그게 이미 이루어졌다고 믿는다. 그동안 내가 하겠다고 생각한 일이 이루어지는 모든 과정을 다 보여주었기 때문이다. 그리고 본인들 역시 그런 실례를 보며 무엇이든 하면 된다는 긍정적 생각을 갖게 되었다고 한다.

상대가 원하는 것을
파악해라

세상에는 사업으로 성공한 사람이 너무나 많다. 그들은 모두 저마다의 성공 비결이 있었을 것이다. 그러나 그들 대부분이 수긍할 만한 공통점은 아마도 '고객'의 중요성일 것이다. 비즈니스의 궁극적인 목적은 고객을 상대로 이득을 얻는 것이다. 물건이나 서비스가 팔린다는 것은 결국 그들이 원하는 바를 충족시켜줄 때 가능한 일이다. 고객의 가려운 곳을 긁어줄 줄 아는 사람은 남보다 더 많은 판매고를 올릴 것이다. 강압적, 억압적인 상술이나 진정성 없는 물건, 값에 비해 현저히 가치가 떨어지는 상품과 서비스로는 지속적인 판매가 어렵다.

사람들이 돈을 지불하고 어떤 상품이나 서비스를 사는 이유는 시장 가격에 비해 그 제품의 가치가 높다고 여기기 때문이다.

하지만 그것이 전부는 아니다. 비즈니스는 점점 진화하고 있다. 이 제는 단순히 고객이 원하는 바를 넘어서서 그들이 미처 깨닫지 못한 것을 상세하게 파고들어 새로운 대안을 제시하며 그들의 니즈를 충족시킨다. 스마트폰이 피처폰을 밀어내고 휴대폰 시장의 주류가 된 것도 컴퓨터를 비롯해서 다른 여러 도구들을 이용하여 해낼 수 있는 온갖 편리한 일들을 작은 휴대폰에 모두 담아 제시했기 때문이다. 사람들은 스마트폰이 나왔을 때 필요성은 느꼈지만 실현 가능성이 희박해 아예 꿈도 안 꾸던 기능들이 손 안의 기술로 구현되어있음에 깜짝 놀랐다. 새삼스러운 얘기지만 지금은 스마트폰 하나만 있으면 노트북이나 지갑, 혹은 통장, 카메라나 나침반, 내비, 휴대용 음향기기 등은 물론이고 그 외에도 성가시게 손에 들고 다녀야 하던 모든 것이 필요 없어진 세상이 됐다.

그것은 고객의 일상 속의 필요나 취향 등에 대한 치밀한 연구와 상상력, 철저한 시장조사에 의한 데이터 구축 등의 노력 없이는 불가능한 일이다. 결국 비즈니스의 핵심은 상대방이 무엇을 원하는지, 상대에게 무엇이 필요한지를 예리하게 알아내는 것이다. 즉 사람을 읽을 줄 알아야 한다.

사람을 읽는다는 것은 그가 표면적으로 말하고 행동으로 보여주는 것 이상의 것을 보는 예리한 시각을 의미한다. 다른 말로 하면 사람의 속내를 꿰뚫어보는 간파력이 있어야 하는 것이다. 간파력은 상대에 대한 집중력과 관찰력, 그리고 기억력과 분석력, 통찰력과 직감이 모두 총합된 능력이다. 그러한 능력은 선천적인 면도 있지만 상대에게 지극한 관심을 기울이고 최선의 성의로 대할 때 비로소 얻어진다. 또한 상대의 입장이 되어 그의 생각과 일체화 될 줄 아는 이해력과 공감 능력을 키우지 않으면 불가능하다.

끝까지 의리를 지켜라

조선 시대 야담집 중 하나인 《계서야담》에는 김대갑이란 사람의 이야기가 실려 있다. 대갑은 어린 시절 가족을 잃고 후일 정승이 된 민백상의 집에 의탁하게 된다. 영특한 대갑은 백상의 아들과 조카 등이 글공부를 할 때 몰래 엿들으며 글을 익힌다. 그 모습을 기특하게 여긴 백상은 대갑이 글공부를 할 수 있게 도와준다.

어느 날 한 점술가가 백상에게 대갑을 내치라고 권한다. 백상이 연유를 묻자 그는 대갑이 산야에 있던 것들을 잘못 먹어 중독된 상태이니 장차 백상의 집에 해를 줄 수 있다고 했다. 하지만 백상은 대갑을 두둔하며 그대로 집에 있게 한다.

어른이 된 대갑은 백상이 평안감사로 부임하게 되자 무관이 되어 그를 따라간다. 그곳에서 그는 백상이 목민관으로 선정을 베풀 수 있게 돕는다. 청렴한 관리인 백상은 임기를 마친 후 늘어난 창고의 재산을 가져가지 않겠다고 선언한다. 부임할 때 빈손으로 왔으니 돌아갈 때도 빈손이어야 한다는 것이다. 그 대신 대갑에게 그 처분권을 준다. 대갑은 그렇게 생긴 돈을 자본금으로 해서 청나라와의 무역으로 큰돈을 번다.

세월이 흘러 갑부가 된 대갑은 민백상의 집을 찾아간다. 안타깝게도 우의정까지 올랐던 백상은 사도세자가 평양에 몰래 다녀온 일에 책임을 지고 자결한 후였다. 집안마저 영락하여 남은 가족들은 끼니조차 때우기 어려운 삶을 살고 있었다. 대갑은 그들을 잘 살게 해주고 죽을 때까지 보살펴준다. 어린 시절 자신을 거둬주고 자질을 알아봐준 은인에 대해 평생 잊지 못하다가 결국 은혜를 갚게 된 것이다.

현대그룹을 일군 정주영 회장의 일대기에도 비슷한 일화가 있다. 잘 알려져 있는 것처럼 정 회장은 젊은 시절 자신을 3년간 거둬주고 능력을 발견해 적재적소에 쓰이도록 기회를 마련해준 쌀집 주인에게 마음 깊이 감사를 느낀다. 후일 재벌이 된 그는 그 시절의 주인을 찾아 은혜를 갚는다.

그들이 오랜 세월이 지났음에도 잊지 않고 자신들이 입은 은혜를 갚을 수 있었던 이유는 무엇일까. 성공해보니 옛 생각이 나서였을까. 엇비슷한 입장을 겪어본 나로서는 왠지 그들의 속내가 나와 비슷하지 않았을까 추측해 본다. 그들은 아마도 그토록 오랜 세월이 지나는 동안 한 번도 그 은혜를 잊지 않았을 것이다. 아니 어쩌면 은혜를 갚기 위해 더 열심히 성공을 향해 매진한 것인지도 모른다.

내가 성공하려는 중심에는 항상 나를 도와주고 내게 은혜를 베푼 사람들이 있었다. 가까이는 어린 시절 용기를 북돋아주신 고모님이 그랬고 그 외에도 적잖은 분들이 음으로 양으로 나를 도와주었다. 어쩌면 내 곁에서 오랫동안 나와 동고동락하고 있는 우리 직원들도 내가 가장 먼저 갚아야 하고 누구보다 먼저 성공의 과실을 함께 나눠야 할 사람들이 아닐까 싶다. 그분들에 대해 나는 항상 그런 생각을 했다.

'나는 저 사람들한테 꼭 베풀어야 해. 내가 잘 되면 반드시 갚아야 해.'

내가 잘 될 수 있도록 도와준 사람들에게 가장 먼저 갚는 게 내 성취의 첫 번째 목표였다. 나는 목표한 것을 해내겠다는 나와의 약속을 한 번도 어겨본 적이 없다. 어떡하든 성공해야 했고 그래야만 그들이 내게 베푼 은혜를 갚을 수 있었기 때문이다.

또한 나는 한 번 맺은 인연은 끝까지 가져가려 하는 편이다. 절대 사람을 대충 만나지 않는다. 누구든 나와 인연이 닿은 사람들은 내가 할 수 있는 한 최선을 다해 돕고 그것이 기초가 되어 그 사람이 잘 되었으면 하는 마음이다. 그렇다 보니 사람들이 나의 첫 번째 장점으로 꼽는 게 바로 '의리'다. 나는 상대에게 신의를 지키며 앞뒤 가리지 않고 내 실익을 따지지 않는 '의리'를 인간관계의 최고 가치로 여긴다. 의리를 지키는 삶의 자세 덕에 삶과 사업의 수많은 동지들을 얻게 되었다.

투자라 생각하고
먼저 베풀어라

음식점이나 가게 같은 데 가보면 정량보다 더 얹어주는 것을 아까워하는 주인들이 있다. 아마도 그런 행동 속에는 어떡하든 아껴서 투자 원가 대비 이득을 조금이라도 더 보겠다는 생각이 깔려있을 것이다. 그러나 그것은 먼 앞날을 보지 못하는 짧은 생각일 수 있다. 지금 당장은 아낄 수 있겠지만 그로 인해 손님에게 주는 '야박하다'는 인상은 되돌릴 수 없을 것이다. 장기적으로 내게 이득을 가져다주는 단골 고객을 확보하기 위해서는 먼저 그 마음을 사야 한다. 인색하다고 느껴지는 사람에게 마음이 가는 사람은 없다. 지금 당장은 손해 보는 것 같아도 일단 이쪽에서 먼저 후하게 베풀면 훗날 그 손해를 뛰어넘는 보상이 올 가능성이 커진다.

싸움을 하거나 갈등을 겪을 때도 먼저 손을 내미는 쪽이 이기는 것이다. 내가 먼저 화해를 청하면 상대는 이쪽에 대해 마음의 빚이 생기게 된다. 그에 대한 상쇄 작용으로 첨예한 감정이 대립해 있을 때는 전혀 양보하지 않던 자신의 입장을 돌아보고 한 발 물러서서 이쪽의 의견을 경청하게 된다. 결국 상황은 처음 내가 원하던 쪽으로 갈 확률이 커진다. 직원들에게도 항상 먼저 손을 내민 사람이 이긴 것이라 말한다. 실장이든 부원장이든, 심지어 원장이라 해도 모두 다를 것 없이 먼저 용서하는 그릇을 가진 사람이 진정한 리더라고 강조한다. 실제로 그런 사람들은 어느 집단에 가서든 리더의 역할을 하게 된다.

그렇다고 해서 어떤 이득이나 반대급부를 바라고 베풀면 안 된다. 이득을 염두에 둔다면 진정성이 결여될 우려가 있다. 더 큰 이득이 되어 돌아온 건 내가 한 행동에 대한 결과론적 이야기일 뿐이다. 사실 나는 내 실익을 따지지 않고 무조건 주는 타입이다. 사람을 만나면 내가 먼저 주거나 도와줘야겠다고 생각하며 그게 몸에 배어있다. 그런데 딱히 바라지 않는다 해도 나중에 보면 반드시 주는 것만큼 돌아왔다. 혹은 그보다 더 큰 무언가가 되어 내게 도움이 된 경우가 많았다. 사심 없이 베풀어야 한다. 그러면 반드시 그 이상이 되어 돌아온다.

믿었으면 의심하지 마라

예로부터 선비는 자신을 알아봐 준 이를 위해 목숨을 바치고 여자는 자신을 기쁘게 해주는 이를 위해 화장을 한다고 했다. 사마천의 《사기》 자객열전에 나오는 이 말의 주인공은 예양이란 선비이다. 춘추전국 시대 진晉나라 사람인 그는 다른 주군 두 사람을 섬겼지만 그들은 예양의 진가를 알아보지 못했다. 자신의 능력을 발휘하지 못하던 그는 그들을 제거하고 권력을 차지한 지백의 눈에 띄면서 학식과 재능을 펼칠 수 있게 된다. 그를 알아주고 중용한 지백은 조나라를 공격했다가 제후인 조양자에게 목숨을 잃는다. 그도 모자라 조양자는 지백의 머리뼈를 술잔으로 만들어 쓰기까지 한다.

예양은 복수를 결심하고 궁궐에 침입하여 조양자를 죽이려다 발각된다. 조양자는 주군의 명에 회복을 위해 목숨을 건 그를 의인으로 여기며 놓아준다. 그러나 풀려나온 예양은 숯을 삼켜 목소리를 쉬게 하고 몸에는 옻칠을 해서 거지 행세를 하며 다시금 기회를 엿본다. 하늘의 운이 돕지 않아 그마저도 실패한 예양은 조양자 앞에 결박된 채 끌려온다. 죽기 전 조양자가 그에게 묻는다.

"그대는 지백이 그대의 주군들을 죽였을 때는 복수하지 않고 오히려 그의 신하가 되었네. 그런데 왜 지백에 대해서는 이토록 집요하게 원수를 갚으려 하는가."

그러자 예양은 이렇게 답한다.

"이전 주군은 나를 보통 사람으로 대했기에 나 역시 그들에게 보통 사람의 정리로 대했소. 그러나 새로운 주군은 나를 뛰어난 선비로 대접해주었소. 나는 그분께 이름 높은 선비의 예로써 보답하려 한 것이오."

결국 예양은 충절에 감복한 조양자의 호의로 그가 입고 있던 옷을 대신 찔러 형식적인 복수를 한 후 자결로 생을 마감한다. 한 사람에게 자신을 알아봐준다는 것은 삶 전체를 걸 만큼 중요한 일이라는 걸 알 수 있다.

　나는 사람을 잘 믿는 편이다. 인재를 알아보고 믿어주며 그가 능력을 발휘할 수 있게 배려하는 것은 리더의 가장 큰 덕목이라 생각한다. 특히나 한 번 믿으면 의심 없이 일관되게 그를 밀어줘야 한다. 사람이란 실수를 할 때가 있지만 언젠가는 그 실수를 발판으로 딛고 일어서는 존재다. 그 과정에서 누군가가 자신을 끝까지 믿어준다는 느낌을 받는 것은 무엇보다 든든한 배경이고 용기를 북돋아주는 원동력이다. 믿음을 거둬버리는 순간, 그는 절망의 나락으로 떨어질 수 있다.

　심지어 사기꾼이 자기를 회장으로 둔갑시키면 나는 그를 진짜 회장님처럼 대해준다. 그 사람이 거짓말을 하는 것에는 뭔가 사연이 있을 거라 생각하기 때문이다. 다른 데 가서는 사기를 쳐도 내게 좋은 사람으로 보이고 싶다면 적어도 내게 있어 그는 사기꾼이 아니다. 내가 그렇게 믿어주는 한 그는 내가 보는 눈높이로 자신을 변화시키고 싶어한다. 내가 그의 장점을 칭찬해주고 그가 지닌 어떤 면에 대해 대단하다고 인정해주면 그는 내 앞에서 그런 모습만 보이려 한다. 어지간하면 사람을 나쁘게 보지 않다 보니 주변 사람들은 "시연이가 나쁘다고 하는 사람은 진짜 나쁜 사람이야."라고들 말한다.

그렇게 전폭적으로 사람을 믿는 경향은 어린 시절의 경험에서 비롯된 것이기도 하다. 어릴 적 나는 아주 가까운 분에게 종종 부당한 일을 당했다. 그분은 조금은 특별하고 튀는 성향을 가진 나를 포용하거나 북돋아주는 대신 행동을 절제시키고 똑같은 언행을 하더라도 좋지 않은 시각으로 바라보았다. 내가 솔직하게 말해도 거짓말을 한다고 꾸짖으며 나를 믿지 않았다. 그런 식으로 억울한 일을 겪을 때면 나는 눈물을 삼키며 속으로 이런 결심을 했다.

'나는 나중에 누군가 나한테 말을 하면 무조건 믿어줄 거야. 난 정말로 사람들을 믿을 거야. 나처럼 이렇게 억울하지 않도록 꼭 믿어줄 거야.'

어린 시절 그런 경험은 아직까지도 잊히지 않는 마음의 상처로 남아있다. 그래서 나는 그 시절의 결심대로 지금은 누가 어떤 말을 하든 '그 사람은 솔직할 거야.'라고 생각한다. 나랑 오랫동안 알고 지내는 홍광표 사장님이 바로 그 예다. 처음에 뵀을 때 주변에서는 겉보기에 깊이가 없어 보이고 가벼워 보인다며 가깝게 지내지 말라는 충고를 해주기도 했다. 그러나 나는 누군가에게 나쁜 사람도 나에게 좋으면 그 사람은 좋은 사람이라고 생각한다. 그리고 상대를 그렇게 믿어주면 내가 믿는 대로 나에게 그런 모습을 보여주려고 노력한다고도 생각한다. 실제로 그분은 누군가를 진심으로 걱정해주고 도와주시는 착한 분이다. 정말 지금은 모든 분들이 다른 어떤 이들보다 더 끈끈한 나와 그분과의 관계를 부러워하고 또한 그분을 신뢰한다. 그분은 나 뿐만 아니라 내가 알고 지내는 내 주변의 모든 분들까지 챙기며 나와의 의리를 끝까지 지켜주신다. 이런 믿음이 사람을 키우고, 내가 지키는 의리의 근원이다.

직원들에 대해서도 마찬가지다. 그들 각자가 무언가 한다고 하면 무조건 믿어준다. 믿음은 사람을 키운다. 인재를 키우는 힘이다. 누구든 믿어주는 것만큼 잘하게 되어있다. 한 번 믿어준 직원에 대해서는 끝까지 포기하지 않는다. 기다려주기도 한다. 회사를 그만두는 직원들과 헤어질 때마다 나는 그들에게 이런 말을 한다. "언제라도 우린 다시 만날 거야. 대표님이 기다리고 있을게. 너는 나한테 너무나도 필요한 사람이야. 그러니까 꼭 다른 데 가서 경험해 보고 나한테 다시 돌아와."라며 신신당부한다.

그런 믿음 덕분에 우리 직원들은 나갔다가 돌아온 경우가 대부분이다. 사람은 고쳐서 쓰는 게 아니라지만 나는 고쳐서도 잘 쓴다. 혹 좋지 않은 일이 있었다 해도 빨리빨리 잊어버리고 더 생산적인 방향으로 함께 나아간다. 그렇게 다시 돌아오면 직장에 대한 충성도가 더 강해진다. 한 번 이별을 겪고 난 후라 관계도 더욱 돈독해지고 서로의 소중함을 깨닫는 계기가 된다.

실수를 책망하지 마라

내 스스로가 좋아하는 나의 모습은 무슨 일이든 긍정적으로 생각한다는 점이다. 나쁜 일을 오래 마음에 품지 않는다. 나쁜 일도 좋은 측면을 생각하며 빨리 잊어버리는 편이다. 용서도 잘해준다. 내게 해를 끼쳤던 사람이라 해도 언젠가는 그 사람을 나에게 더 중요한 존재로 만든다. 그리고 다시 그 사람과 손잡고 함께 일들을 해결해나간다. 훗날 당사자가 그런 기억에 대해 말을 해줘야 비로소 "아 그래, 그때 니가 나한테 그랬지." 하며 한 번 장난스럽게 흘겨본 후 웃고 만다. 빨리 용서함으로써 보다 핵심적인 일에 에너지를 집중시키고 앞으로 계속 나아가는 것이다.

용서는 인간관계에서도 꼭 필요한 요소이다. 용서는 상대를 위하는 것이기도 하지만 사실은 나 자신을 위해서 하는 것일 수도 있다. 내 마음이 편하고 자유로워지기 위해 상대방을 놓아주는 것이기 때문이다. 사업을 하면서도 그런 생각이 항상 몸에 배어있다. 그런 까닭에 직원들의 실수를 한 번도 탓해본 적이 없다.

사람이라면 누구든 실수를 하게 된다. 치명적인 실수는 후회를 부르고 경제적 손실을 가져오는 때도 있다. 그러나 그 실수를 어떻게 대하느냐에 따라 후회가 기쁨도 될 수 있고 손실이 결과적 이득으로 바뀔 수도 있다. 페니실린이나 나일론처럼 역사적인 발명품 중에는 실수로부터 얻어낸 것들이 적지 않다. 그런 결과를 가져온 것은 실수를 그냥 넘기지 않고 새롭고 긍정적인 방향으로 분석하여 한 걸음 더 나아가는 계기로 삼았기 때문이다.

실수에 대해 꾸짖고 화를 내는 것은 화풀이일 뿐이다. 감정적인 대응은 오히려 상대의 반감을 부른다. 직원의 실수는 회사에 불이익을 주겠지만 그때야말로 너그러운 용서가 필요하다. 일은 이미 벌어졌고 우리는 그 사태를 수습해야만 한다. 보다 중요한 것은 향후 똑같은 일을 반복하지 않게 하는 것이다. 자신이 저지른 실수를 책임감 있게 수

습해가는 과정에서 그 직원은 스스로의 잘못을 되짚어 문제점을 점검하고 배우게 된다. 같은 상황에 마주쳤을 때 그런 시행착오의 경험을 되새기며 동일한 실수를 범하지 않을 것이다. 또한 모두가 함께 실수를 처리해 나가는 과정을 겪으며 다른 직원들도 간접적으로 얻어지는 게 있다. 실수를 용서하고 다시 한 번 기회를 주는 것은 직원을 성장하게 하는 밑거름이 된다.

열린 마음으로
과감하게 혁신하라

나는 항상 노력하는 자세로 살고 싶다. 그래서 늘 배우려 한다. 새로운 아이디어로 무장하고 혁신하기 위해서는 기존의 것을 고수하는 갇힌 생각에서 벗어날 필요가 있다. 열려있지 않는 문으로 무엇이 들어올 수 있단 말인가. 배운다는 것은 그 자체가 이미 마음이 새로운 것을 향해 열려있다는 뜻이다.

나는 원래 독서를 좋아하지 않았다. 하지만 책을 가까이하면서부터 정말 많은 것을 깨닫게 되었다. 독서는 내 자신에게도 많은 도움이 되었을 뿐만 아니라 사업에도 큰 성과를 가져다주었다. 지금은 독서가 매일 빼놓지 않고 행하는 중요한 일과 중 하나다. 책의 분야는 다양하다. 한근태 소장님의 인문학강의를 통해 읽은《역설계》라든지《평균의 종말》처럼 발상의 전환에 도움이 되는 책들도 목록에 포함된다. 그 중에서도 특별히 좋아하는 분야는 성공한 사람들의 자기계발서이다. 그런 책들을 읽으면 성공에 대한 의욕과 에너지가 충만해지는 느낌이 든다. 또 그 안에서 내 삶의 방식과 엇비슷한 면들을 발견하며 "아, 다행히 내가 잘 살고 있구나." 하는 만족감을 느낄 때도 있다. 스스로의 좌표를 확인하며 보강할 면을 가늠해보기도 한다.

만약 어떤 책을 읽고 영감을 받았다면 어떤 형식으로든 그 책의 저자를 반드시 만나본다. 가령 그분이 운영하는 코칭 수업을 듣는다든지 경영자 코스에 참가하는 식이다. 일찍 일어나는 일이 쉽진 않지만 매주 한 번 있는 새벽 인문학강의도 열심히 듣는다. 함께 배우는 분들 중 아마 책을 가장 안 읽는 게 나일 듯하다. 그만큼 다들 열성과 열의가 넘치신다. 그냥 가서 강의를 듣고만 있어도 그 안에서 의미 있는 무언가를 뽑아오게 된다.

공부를 하면 확실히 얻어지는 게 많다. 우선은 새로운 세상을 접할 수 있고 과거에 내가 살아왔던 바를 또 다른 시각으로 바라볼 수도 있다. 그렇게 하다보면 현재의 내 비즈니스에서도 무엇이 필요하고 무엇을 도입할 것인지에 대한 통찰이 온다. 예전엔 정보나 지식의 도움 없이 내 스스로의 감으로만 사업을 했다. 다행히 그렇게 태어난 것도 있고, 운도 따라주는 편이어서 감과 촉만 가지고도 사업을 척척 이루어왔던 것 같다. 그에 비해 지금은 책이며 강의를 통해 열심히 배우고 익히면서 새로운 시각으로 사업 전반을 돌아보게 되었다. 학문적인 전문성을 강화하고 사업의 체계화를 이룰 수 있는 방향으로 내 자신이 다듬어지는 게 느껴진다.

우리 직원들에게도 늘 배움을 강조한다. 일단 나와 함께 일을 하게 된 직원이라면 모두 열린사이버대학교에 입학시킨다. 학교와 회사가 협약이 되어 있어 직원들은 50퍼센트 할인을 받으며 수업을 받을 수 있다. 일을 하면서도 새로운 지식을 얻을 수 있고, 자기 자신을 위해 커리어를 쌓아가도록 만들어주고 싶은 나름의 작은 배려이다. "어차피 시간은 흘러가는 거야. 지난 세월을 돌아보면 크게 이뤄놓은 게 없다는 생각이 들 거다. 하지만 학위를 따 놓으면 평생을 가져갈 수 있어. 너희들만의 커리어고 브랜드니까."라는 말로 그들을 설득시키곤 한다. 요즘은 내가 책을 읽고 강의를 들으며 계속 발전되어 가듯 어떻게 하면 우리 직원들도 독서를 같이 하며 자기계발을 시킬까 하는 것도 염두에 두고 있다. 내가 깨달은 공부와 노력의 중요성을 알려주고 싶어서이다.

결혼은 당신의 소유물이 아니다.
결혼했다고 남편의 삶이 당신의 삶이 되고,
그의 인생이 당신의 인생이 되는 게 아니다.
당신은 언제나 당신의 삶을 스스로 펼쳐나가야 한다.
당당한 당신이 있어야 그가 있고,
자유로운 그가 있어야 당신이 있다.
결혼은 곧 홀로서기를 통한 서로의 마주함이다

결혼 비즈니스 솔루션 Ⅰ
〈 자아 〉

변화의 주체는
상대가 아닌 당신이다

인간이란 타의에 의해 변하는 존재가 아니다. 스스로의 내적 동기가 있을 때 변화가 가능하다. 억지로 변한 것은 부작용이 있기 마련이다. 만약 당신이 강제로 배우자를 변화시킨다 해도 일회성일 확률이 크다. 언젠가는 자신의 천성대로 돌아가게 돼있다. 특히나 가정은 어느 하루 함께 살고 마는 곳이 아니다. 삶처럼 지속된다. 변화가 필요한 상황이라면 한 번에 그치는 게 아니라 지속 가능한 변화가 필요하다.

보통 이혼의 사유 중 가장 많이 거론되는 게 '성격 차이'다. 통계청 조사 자료에 의하면 2000년부터 최근까지의 이혼 사유 1위가 성격 차이로 나타나고 있다. 그런 사실은 무엇을 의미할까. 오랜 세월 같이 살아도 성격만은 바뀌지 않는다는 반증이 아닐까. 성격이란 고칠 수 없는 개인의 타고난 성향이다. 아무리 오래 결혼 생활을 하며 서로 적응하려 노력했어도 결국은 선천적인 성향을 못 바꿔서 이혼에까지 이르게 되는 것이다.

그렇다면 어떻게 해야 할까. 성격이 다른 배우자는 영영 화합하지 못하는 걸까. 바로 이 지점에서 필요한 것이 비즈니스적인 마인드이다. 안 되는 것은 과감히 포기하고 보다 효율적인 방법을 써서 잘 되도록 만들어야 한다. 상대를 바꾸기 어렵다면 그보다 쉽고 효과적인 방법은 내 자신이 먼저 변하는 것이다. 상대를 변화시키겠다고 마음먹는 것은 그 사람의 성향이 마음에 들지 않는다는 의미다. 나의 성향, 내 행동은 그대로 두고 그에 맞춰 배우자를 바꿔 보겠다는 시각으로 접근하기 때문에 충돌이 생길 수밖에 없다. 상대를 바꾸려 하지 말고 당신 자신부터 변화하라.

자기 자신을 변화시키는 첫 번째 단계는 생각을 바꾸는 것이다. 인간이란 생각에 의해 움직이는 존재이다. 생각을 바꾸면 행동이 바뀔 수밖에 없다. 똑같은 상황이라 해도 어떤 관점에서 바라보는가에 따라 달리 보인다는 사실을 명심해야 한다. 당신과 배우자는 결혼을 매개로 함께 살고는 있지만 본래 태어난 곳도 자라난 과정도 완전히 다르다. 혹 취미가 일치할 수는 있어도 성격 역시 다를 수밖에 없다. 싫든 좋든 그것이 팩트이다. 서로 다름을 인정해야 한다. 그리고 상대의 다른 점을 나와 다르다고 배척할 게 아니라 이해해주는 게 우선이다. 당신이 관점을 바꾸는 순간 이혼까지 불사하게 만드는 그 '성격 차이'란 드높은 벽이 순식간에 아무 것도 아닌 것으로 변해버리는 놀라운 상황을 목도할지도 모른다.

사람이란 본래 서로 다른 존재임을 인정하고 이해하는 시각으로 보는 것은 여러 모로 유용한 방법이다. 사회생활을 할 때도 의견이 부딪히는 상대와 화합하고 공존해나가는 데 필수 요소이다. 내 경우 서로 다른 것에 대한 그런 식의 접근은 직원들을 되도록 갈등 없이 이끌어가는 데 상당한 도움이 된다.

내 사업체엔 여직원이 거의 전부이다. 수많은 여자로 이루어진 집단을 이끈다는 건 쉬운 일이 아니다. 굉장히 신경이 많이 쓰이는 일이다. 그래서 나는 그들에 대해 내가 수많은 애인들을 사귀고 있다고 생각한다. 애인이란 세심하게 마음을 써주지 않으면 떠나갈 수도 있는 존재이다. 표정 하나 동작 하나도 가벼이 대할 수 없다. 그런 이유로 어느 날 직원 하나가 표정이 안 좋으면 은근히 신경이 쓰인다.

'왜 기분이 안 좋을까. 혹시 그만둔다는 말을 하지는 않을까.'

마치 정말로 애인이 내게 이별을 선언할까봐 걱정하는 것처럼 매일 매일 가슴을 졸이며 지낸다. 물론 그것이 나쁜 건 아니다. 사업을 운영하시는 모든 대표님들이 그러하실 거다. 날마다 그들과 감정이 첨예하게 오가는 심리적 사춘기를 겪으며 나는 오늘도 그들과 함께 성장해나가고 있다.

직원들과의 관계를 원만하게 유지해나가는데 꼭 필요한 것이 바로 그들의 다양한 생각과 성향, 혹은 마음을 이해하고 인정해주는 일이다. 사업체란 것은 사업가가 그리고 만들어놓은 자신의 제국이나 마찬가지다. 그렇다고 해서 제왕처럼 독단적인 자세는 금물이다. 직원의 의견을 무시하고 자신이 하고 싶은 대로만 한다면 언젠가는 모두들 떠나버리고 혼자만 남게 될 것이다. 이런 사실을 깨닫지 못했던 사업 초창기에 나를 떠났던 직원들은 아마도 그래서 그랬던 것이 아닐까 하고 지금도 되돌아본다.

직원들의 다양성을 인정하고 받아들이게 되니 이해력의 폭도 넓어진다. 요즘 사회적으로 흔히 거론되는 MZ세대와의 세대 갈등조차 그런 자세로 대하면 충분히 극복할 수 있었다. 설령 그네들이 기성세대가 이해하기 힘든 행동을 한다 해도, "야, 어떻게 상사한테 이럴 수가 있지? 대표한테 왜 그렇게 배은망덕하게 굴지?"식의 반응이 아니라 그네들의 시각과 입장을 있는 그대로 봐주고 당연하게 생각하면 해법이 생긴다.

'너희들은 부모님 사랑을 듬뿍 받으면서 고생 없이 자란 아이들이야. 열악한 상황을 참아가며 경쟁하고 싶은 마인드도 없고 솔직히 여기서 나와 조금만 안 맞아도 언제든 떠날 준비가 되어 있어.'라는 생각을 해내기까지 나도 몇 번의 시행착오를 거쳐야 했다. 어린 직원들이 그만두겠다고 말하면, '내가 그렇게 잘해줬는데 어떻게 떠날 수가 있지?' 하는 마음이 앞섰던 게 사실이다. 요즘은 직원들 사이에 갈등이 있거나 손님과 마찰이 있을 때도 이런 식으로 풀어간다.

"자, 우리 서로의 관점에서 한 번 바라보자. 이 사람은 이런 성장 배경이 있을 거야. 저 사람은 또 이런 성격이고 이렇게 생각하고 있겠지. 그렇게 다른 사람들에 대해 우리는 어떻게 접근해야 할까."

내 방식이 효과가 있었던지 직원들 모두가 서로에 대한 이해력이 높아지고 관계도 원활해지는 양상이 확연히 보인다. 가정이란 것도 한 남자와 한 여자가 만나서 만든 독립적인 제국이요 왕국이다. 때로 남자가 리드할 때는 여자가 대신이나 백성이 되고 여자가 이끌면 남자가 반대 입장이 되면 된다. 그러나 그 어떤 제국이나 왕국이라 해도

황제나 왕이 대신과 백성 위에 폭군처럼 일방적으로 군림한다면 나라
가 망하게 된다. 그것이 역사가 보여준 진실이다.

앞서 말했듯 결혼 생활도 그 기본은 인간관계이다. 상대의 모든 것
을 조건 없이 받아들이고 인정하며 서로 맞춰갈 때 바람직한 인간관
계가 형성되는 법이다. 인간관계가 어렵다고 생각하는가. 그렇다면
상대에게 무언가 바라기 전에 내 자신이 먼저 최선을 다하면 된다. 그
렇게 했는데도 어렵다면 다시 한 번 스스로를 돌아보라. 당신이 최선
이라 생각했던 것이 혹 상대를 위한 것이 아니라 자신을 포장하기 위
한 것은 아니었는가. 변화의 주체는 상대가 아닌 바로 당신이다. 상
대를 바꾸려 하기 전에 당신이 먼저 변하라. 상대를 있는 그대로 보고
다름을 인정하는 시선을 갖도록 내 생각부터 바꿔라. 그것이 다른 의
견과 성향을 지닌 배우자를 대하는 비즈니스 적 해법이다.

먼저 성숙한 어른이 되어라

주제를 말하기에 앞서 먼저 두 가정의 사례를 살펴보자. 김 모 씨 (29)는 2년 전 집안 어른의 소개로 하 모 씨(36)와 결혼했다. 하 씨는 세간에서 말하는 전형적인 효자였다. 어머니의 바람대로 의대를 선택해 수련을 거친 후 의사가 되었고 소개팅 한 상대 중 어머니가 제일 마음에 들어 하는 김 씨와 결혼했다. 아내 김 씨는 저녁 식사를 마치면 서재에 틀어박혀 나오지 않는 남편이 늘 불만이었다. 애써 이야기를 시켜보려 해도 단답형의 대답만 돌아왔다. 그런 남편이 유일하게 수다스러워지는 때가 있었다. 일주일에 한두 번 시어머니에게서 전화가 올 때이다. 의원에 찾아온 별난 환자 이야기부터 새로 산 맥북 품평까지, 시시콜콜 유쾌하게 대화를 했다. 마치 어린아이가 낮에 있었던 일을 엄마에게 신이 나서 들려주는 듯한 모습이었다.

그뿐 아니다. 남편은 도무지 집안일에 관심이 없어 보였다. 새로 바꿀 침대 시트 색깔이 어떤 게 더 좋은지 물어도, 식당에 가서 어떤 메뉴를 먹을지 물어도 모두 아내에게 결정을 미뤘다. 처음엔 그런 행동이 상대를 존중하고 배려하는 사려 깊은 장점으로 보였다. 그러나 날이 갈수록 아내는 크고 작은 집안일을 모두 자신에게 맡기거나 중요한 순간마다 즉답을 피하다가 나중에서야 마지못해 의견을 내는 남편이 못마땅해졌다.

그러던 어느 날 아내는 시어머니와 통화를 하다 놀라운 사실을 알게 되었다. 자신은 외부에 한 번도 말한 적 없는 집안일에 대해 시어머니가 지나치다 싶을 만큼 자세하게 알고 있었다. 게다가 "내가 사라는 건 샀니? 미세먼지 땜에 그건 꼭 있어야 돼."라는 시어머니의 이야기를 듣고 돌이켜보니 남편이 평소답지 않게 뜬금없이 사들고 들어온 공기청정기가 떠올랐다.

그날 밤 남편과 대판 싸움이 났다. 아내는 남편이 항상 집에 무언가 결정할 일이 있을 때마다 시어머니의 의견에 따라왔다는 걸 깨닫게 됐다. "엄마는 혼자 다 알아서 하는데 당신은 왜 나한테 맨날 부담을 줘?"라며 짜증을 내는 남편 앞에서 그녀는 말문이 막혔다.

또 다른 3년차 부부의 이야기다. 앞의 경우와는 반대로 아내 정 모 씨는 친정 없이 못사는 친정 의존형 여성이다. 정 씨의 친정은 남편인 이 모 씨의 집안에 비해 경제적인 여유가 있었다. 딸이 집 한 칸 없이 결혼 생활을 시작하는 게 못마땅하다며 친정집 바로 옆 동에 작은 평수의 아파트를 하나 장만해주었다.

정 씨는 결혼 전 친정에서는 도우미 이모가 해주던 빨래나 청소를 자신이 전부 해야 하고 매일 저녁 남편에게 밥을 해주는 게 부담스럽기만 했다. 저녁마다 무슨 핑계를 대서든 친정으로 남편을 불렀고 거기서 식사를 해결했다. 빨래도 모아 놓았다가 친정에 가져다주고 다음날 개켜놓은 걸 찾아오는 식이었다. 그렇지 않아도 집 문제로 주눅이 들었던 남편 이 씨는 날마다 처가에서 밥만 먹고 나오기가 눈치가 보였다. 하루 종일 직장에서 일하느라 피곤했지만 밤늦게까지 장인어른의 바둑 상대도 되어주고 술시중도 들었다. 자신들의 집은 잠만 해결하는 곳이 되었고 두 사람의 결혼 생활은 처가에 얹힌 상황이 되었다.

남편은 다른 사람들처럼 아내와 둘만의 터전을 가꾸고 아이도 낳아서 오순도순 살고 싶은 꿈이 있다. 하지만 아내는 지금의 편한 삶에서 벗어나 힘든 환경에 자신을 내맡기고 싶지 않다. 시간이 갈수록 남편은 결혼 생활에 불만을 느끼게 된다. 몇 번 아내와 의견 충돌이 있었고 해결될 기미가 보이지 않자 홧김에 지방 근무를 자청해 아내와 별거 아닌 별거에 들어갔다.

이 두 가정은 명목상 자신들의 집에서 살지만 본가 어머니나 친정으로부터 정신적으로 분리되지 못한 남편과 아내 때문에 결혼 생활에 문제를 일으키는 경우이다. 대부분의 부부는 결혼과 함께 두 사람만의 가정을 이룬다. 시댁이나 친정에서 일정 부분 도움을 받는다 해도 자신들만의 방식으로 가정을 꾸려간다. 오히려 본가의 부모나 친정 부모의 개입을 싫어하는 경우도 있다. 위의 가정들은 어쩌면 결혼을 해서도 독립을 이루지 못한 극단적 예일 수도 있다.

예전에는 관례라는 게 존재했다. 남성 중심의 조선 사회에서 관례란 남자의 성인식을 일컫는 말이었다. 관례는 머리를 빗어 올려 상투를 틀고 관冠(갓)을 씌워주는 의식이다. 조선의 남자아이들은 여자아이와 마찬가지로 머리를 길게 땋아 내리고 다녔다. 관례를 치러야만 상투를 틀고 관을 쓴 어른이 될 수 있었다.

이에 대해 여자의 성인식은 계례라 불렀다. 남자처럼 관을 쓰는 게 아니라 머리를 올려 쪽을 짓고 비녀를 꽂아주는 의식이다. 남자의 관례와 달리 여자의 계례는 대체적으로 혼례를 올리기 직전에 치렀다. 관례나 계례는 보통 15~20세 때 행해졌다.

조선뿐 아니라 세계의 어떤 문화든 성인식이 있다. 우리나라도 조선 이전 이미 삼한시대에도 그 기록을 찾아볼 수 있다. 특정 문화권에서는 고통스런 시련의 과정을 주고 그것을 이겨낸 사람에게 어른의 자격을 주기도 했다. 방식은 저마다 다르지만 일정한 형식을 갖춘 예식을 치러줌으로써 비로소 어른이 되었음을 축하하고 만방에 알리는 공통된 의미가 있었다. 또한 성년이 된 당사자에게 어른이 되었다는 마음가짐을 갖게 하는 통과의례였다.

성인식을 통해 어린 시절과 성인의 경계를 둔 이유는 무엇일까. 아마도 어른으로서의 주체성과 책임을 확연히 자각하게 하려는 의미였을 것이다. 성인이란 무엇이든 원하는 대로 결정할 자유가 있지만 그 선택에 대해 책임을 질 줄 아는 사람을 말한다. 의식주도 스스로 해결해야만 한다. 부모 밑에서 양육 받으며 아무에게나 응석을 부리고 잘못을 해도 어리다는 이유로 용인되는 아이와는 다른 존재이다. 사회적으로도 성인은 한몫의 인간으로서 권리를 갖고 의무를 다하는 존재라는 의의가 있다.

아직도 '성년의 날'이 있다. 이날은 만 19세가 된 젊은이들이 장미 꽃이나 향수 선물과 함께 축하를 받는다. 하지만 성인으로서의 자립심을 확립하게 하는 본래의 의미는 다소 퇴색한 인상이다. 대중적으로 널리 행해지는 분위기도 아니다. 일부 가정의 부모라든지 연인, 친구들 사이에서 발렌타인데이나 화이트데이 같은 들뜬 기념일쯤으로 여겨진다. 실질적인 성인식의 문화가 사라진 것이나 다름없는 것이다. 아이들은 공식적으로 어른이 될 기회를 잃었고 어쩌다보니 외형만 어른이 되는 경우도 흔치 않게 되었다. 아이에서 어른이 되는 구분이 모호해지니 성인이 돼도 부모에게 의존하는 캥거루족 같은 사회현상도 생겨났다. 물론 그런 경향이 단순히 성인이 되는 의식이 있고 없고의 차이 때문만은 아닐 것이다. 경제나 사회적 변화와도 관계가 있다. 부모의 과잉보호도 그 원인 중 하나라고 일컬어진다.

가장 큰 문제는 채 어른으로 성장하지 못한 이들이 결혼을 했을 때 나타난다. 가정생활을 위태롭게 만드는 중요한 갈등 요소가 될 수 있기 때문이다. 결혼이란 완전히 독립된 하나의 성인과 다른 성인이 만나 한 가정을 이루는 것이다. 둥지를 떠나 혼자 날아갈 수 있게 된 새는 홀로 먹이를 잡고 드높은 하늘을 날아다니며 자유롭게 살아간다. 그러다 때가 되면 상대를 만나 다시 둥지를 만들고 새끼를 낳아 키운다. 그 과정에서 어미 세대의 역할은 둥지에 있는 동안으로 한정된다. 그것이 자연의 이치다.

당신은 어떤 쪽인가. 가슴에 손을 얹고 돌이켜보자. 그런 현상은 내 일상과는 거리가 먼 남의 이야기일 뿐일까? 평범해 뵈는 부부 사이에도 심리적으로 어른이 되지 못한 경우가 적지 않다. 내가 힘드니 대신 남편이 다 해줬으면 하는 아내도 있고 남편 노릇 아빠 역할이 힘겨워 자신만의 취미 공간으로 도피해버리는 남편도 있다. 부부싸움이 나면 바로 그 다음날로 친정 엄마에게 전화해 미주알고주알 일러바치는 아내의 유형은 주변에서 비교적 흔하게 발견된다. 혹시 그것이 남이 아닌 당신의 일상은 아닌지 돌아보라. 당신도 예외가 아닐 수 있다.

살다보면 가끔은 사는 게 힘겨워 남편이나 아내에게 한없이 기대고 싶은 때도 있다. 사람이니 어쩔 수 없는 일이고 둘이 가정을 이루고 평생 사는 이유 중 하나도 그런 식의 위안이 필요하기 때문인지도 모른다. 그러나 그건 '가끔'일 때 문제를 일으키지 않는다. 결혼 생활 내내 상대에게 의존하려 든다면 그로 인해 갈등이 일어날 건 불 보듯 뻔한 일이다.

비즈니스 방식으로 생각해보자. 만약 둘 사이에 거래가 있을 때 한쪽이 일방적으로 편파적인 요구를 해오고 그 결과 둘 중 하나가 지속적인 손해를 봐야 한다면 그 거래는 당연히 결렬되고 말 것이다. 배우자는 자식을 위해 내리사랑을 베푸는 아버지나 어머니가 아니다. 내가 한 만큼 상대도 나에게 사랑을 주는 상호 보완적인 관계에 가깝다.

독립된 성인인 당신이 자신의 의무를 다 할 때 상대에게도 그에 상응하는 의무를 요구할 수 있다.

어른이란 부모에게서 독립해서 홀로 우뚝 서며 상대에게 의존하지 않는 사람이다. 의존과 서로 의지하는 것은 구별되어야 한다. 주관 없이 상대가 결정해주길 원하고 거기 따르는 게 의존이다. 부부간에 의지하며 살아간다는 건 각각의 주체가 서로를 돕고 이끌어주는 것을 의미한다. 그리고 상대방과 함께 더욱 성숙한 존재로 성장해 나가는 것이다. 어른이 되었다고 해서 인간적인 성장이 끝난 것을 의미하는 것은 아니기 때문이다. 상대에게 많은 것을 기대하기 전에 당신이 해야 할 책무를 다하는 의연한 어른이 되어보자. 그렇다면 당신의 어린아이 같은 일방적 요구를 부담스러워 하던 배우자 역시 온전한 한 사람의 어른으로 당신을 대할 것이다.

스스로 당당해져라

몇 년 전 영화 〈미나리〉로 영국아카데미 시상식 무대의 원격 화상 화면에 등장한 윤여정 배우의 인상적인 수상 소감을 떠올려보자.

"모든 상이 다 의미가 있지만, 특히 이 상은 '몹시 고상한 체하는' 사람들로 알려진 영국 사람들에게 인정받고, 저를 좋은 배우라고 인정해준 것이니 정말 특별하고 기쁩니다. Every award is meaningful, but this one, especially being recognized by British people, known as very snobbish people, and they approve of me as a good actor, so I'm very privileged and happy. "

재치와 유머가 적절히 담긴 이 말은 좌중을 웃게 만들고 사람들의 마음에 깊은 인상을 남겼다. 그녀는 이 한마디 속에서 영국인들의 성향을 디스하듯 존중하는 세련된 화법을 구사했다. 영국인은 물론 세계인의 마음을 사로잡은 그녀의 수상식 멘트와 매너는 무엇보다 자신감의 산물이다. 오랜 세월 연기로 다져진 실력과 자신감이 주는 멋진 여유가 깃든 멘트였다. 결국 그녀는 같은 영화로 우리나라 배우로는 최초로 미국 아카데미 여우조연상을 수상했다.

비즈니스에서도 당당한 자신감은 거래를 하는 상대에게 호감을 준다. 상대는 자신의 이익이 걸린 사업에 주저하거나 자신감이 없는 사람과 함께 일을 도모하고 싶을 리가 없다. 적당한 겸손을 곁들인 당당한 자신감은 비즈니스 상대에게 내가 이 사람을 믿고 투자해도 되겠다는 강한 믿음을 준다.

아름다움을 다루는 뷰티 업계에 몸담고 있다 보니 종종 인터뷰 등을 통해, "진정한 여성의 아름다움은 무엇이라 생각하느냐"는 질문을 받곤 한다. 그럴 때마다 나는 이렇게 답한다.

"자신감이라고 생각합니다. 내 자신을 누구보다 사랑하고 인정하는 자존감과 그에 합당한 품격을 지키려는 자존심, 스스로의 자질과 능력을 확신하는 강한 자신감이야말로 자기 자신을 더욱더 빛나게 해주는 요소라고 생각합니다."

그렇다. 여자를 돋보이게 하는 진정한 아름다움은 내면에서 우러나오는 자신감이다. 나는 우리 집안에서 제일 못나게 태어났다. 하지만 날마다 가꾸면서 스스로 "나는 예쁜 사람이야."라고 생각한다. 그리고 그런 자신감을 유지하기 위해 늘 세상의 변화에 촉각을 기울이고 가치 있는 것들을 배우며 열린 마음으로 받아들인다. 매순간 나아지기 위해 끊임없이 스스로를 계발한다. 당당한 자신감이란 외형으로만 꾸민다고 되는 일이 아니기 때문이다. 오래도록 내공을 쌓아야 할 뿐 아니라 어떤 상황에서도 당황하지 않고 의견을 펼 수 있는 실력과 융통성을 지니기 위해 각고의 노력을 기울여야 한다.

이런 이야기를 들으면 "아, 나는 갖고 태어난 게 없어서…."라고 생각하는 사람이 있을지 모르겠다. 세상에 자신만의 개성이 없는 사람은 없다. 스스로 장점을 찾아보라. 그리고 거기에 자부심을 부여하라. 만약 찾아도 없다고 느껴진다면 아직 개발되지 않았을 뿐이다. 자신감을 드러내는 데 실력이 필요하다면 지금이라도 쌓으면 된다.

당신은 어떤 타입인가. 자신을 끝없이 가꾸고 더 나아지기 위해 노력하고 있는가. 아니면 매일 파자마 차림에 부스스한 머리로 자기 자신을 방치하면서 남편에게는 TV에 나오는 멋진 여자한테 눈길이 간다고 핀잔하는 사람인가. 만약 그런 쪽에 속한다면 남편을 탓하기 전에 먼저 자신을 돌아보라. 당신보다 나아 뵈는 그 여자는 화면 뒤에서 아름다워지기 위해 밤잠 안 자고 노력하는 사람이다. 스스로에 대한 투자를 아끼지 않는 사람이다. 마음의 거울 속에 당신의 모습을 비추어 보고 뼈저린 반성과 함께 새롭게 거듭나야 한다. 남편의 눈을 가리고 다른 곳을 보지 말라고 말하기보다 당신 스스로를 가꾸어서 남편으로 하여금 한눈 팔 여지를 주지 마라. 그것이 결혼 생활이라는 비즈니스에서 성공을 얻을 수 있는 최고의 전략 중 하나이다.

다른 삶을 원한다면
다르게 행동하라

'다른 집은 사이좋게 잘 사는데 왜 우리는 날마다 서로 못 잡아먹어 난리일까.'

혹시 그런 생각이 당신의 결혼 생활을 지배하고 있진 않은가. 머릿속에서는 영화나 드라마에 나오는 화목한 가정을 꿈꾸지만 눈앞의 현실은 하루도 편안한 날 없는 갈등의 연속은 아닌가. 분명 남편은 나쁜 사람이 아니다. 자신도 특별히 문제는 없는 것 같다. 그럼에도 매일의 삶이 유쾌한 다른 가정에 비해 자신의 집은 왜 어둡고 울적하기만 한 것일까.

그런 유형의 가정일수록 처음부터 잘못 끼워진 단추 같은 고정된 관계의 패턴이 있기 마련이다. 오래도록 같이 살다보면 부부 간에 서로를 대하는 일정한 패턴이 생긴다. 상대가 이렇게 나오면 나는 저렇게 대응하는 틀에 박힌 매뉴얼이 형성된다고 할까. 예를 들면 이런 것이다. 결혼한 지 6년 정도 된 한 부부가 있다. 어느 날 남편의 회사에서 퇴근 무렵 갑작스런 회식이 생겼다. 그날따라 아내는 남편이 좋아하는 해물찌개를 끓여놓았다. 그런데 평소 같으면 들어와야 할 시간이 훨씬 지났음에도 남편에게선 아무런 연락이 없다. 남편이 퇴근할 시간에 맞춰 따끈하게 데워졌던 찌개는 다 식어버렸다. 꺼내놓았던 밑반찬은 도로 냉장고 안으로 들어간다.

순간 아내는 불같이 화가 난다.

'아니 늦으면 늦는다고 미리 말을 해주면 좋잖아.'

아내는 분노의 카톡을 날린다. 무엇이 그리 바쁜지 남편은 그녀의 메시지조차 읽지 않는다. '읽음' 표시를 확인하고 또 확인하던 아내는 참다못해 전화를 돌려본다. 이번엔 전화도 받지 않는다.

'내가 미쳤나봐. 뭐가 예쁘다고 좋아하는 음식까지 만들어놨어. 아내 알기를 우습게 아는 사람한테.'

아내의 분노 게이지는 시간이 갈수록 올라간다. '들어오기만 해봐!'라며 앙심마저 품게 된다. 결국 이 부부는 그날 밤 부부싸움이라는 거대한 태풍을 예약한 셈이다.

예정에 없던 회식에 참석한 남편의 아내에 대한 태도는 객관적으로 비판의 여지가 있다. 하지만 내막을 알고 보면 남편은 결혼 생활을 통해 그 나름대로 터득한 요령이 있다. 신혼시절 그는 늦으면 늦는다고 미리 꼬박꼬박 연락해주는 착실한 남편이었다. 그에 대해 아내는 어쩌다 기분 좋은 때를 빼고는 무조건 화부터 냈다. 어쩔 수 없어 참가한 회식이라 해도 막무가내였다.

"독박육아로 힘들어 죽겠는데 당신은 밖에서 신나게 웃고 떠들며 술을 마시고 싶어?"

그렇게 시작된 불평은 남편 곁에 누가 있으나 없으나 관계없이 큰 소리로 이어지곤 했다. 수화기 밖으로 새어나오는 아내의 고함소리가 동료들에게 부끄러웠던 남편은 점점 꾀가 생겼다. 연락을 잘 안 하는 게 상책이란 걸 깨닫게 된다. 늦게 들어가고 한 번만 혼나면 될 걸

군이 미리 연락해서 두 번 잔소리 들을 이유가 없다고 생각해서이다. 그때부터 이 부부는 회식 날마다 악화 일로의 부부싸움에 직면하게 된다.

이 경우, 어디서 무엇이 어떻게 잘못 되었는지를 따지는 건 무의미할 수 있다. 부부사이란 복잡 미묘한 상황이 맞물려 단선적인 시각으로만 파악하기 어려운 면이 있다. 분명한 건 이 부부가 회식과 전화 연락에 얽힌 좋지 않은 관계의 패턴을 지니게 되었다는 점이다.

불화에 시달리는 부부관계를 잘 들여다보면 각기 다른 성격, 달리 살아온 생활방식의 차이, 각자 집안의 문화 차이 등으로 인해 다양한 갈등을 겪고 있다. 그것은 대부분 아주 사소한 문제에서 시작되지만 늘 비슷한 알고리즘을 거쳐 서로에게 상처를 주는 방향으로 발전하게 된다. 그처럼 익숙해진 악순환의 패턴을 깨지 않는 한 그 부부는 사이가 좋아지고 싶어도 좋아질 수가 없다. 부부 중 누군가 맘먹고 그 틀을 깨보려 해도 서로 감정적인 대응이 앞서게 되고 그에 대해 언급하는 것 자체가 걷잡을 수 없는 갈등의 기폭제가 되기도 한다. 불행하게도 많은 부부들이 이런 식의 고착화된 패턴을 깨지 못한 채 그대로 삶을 이어간다.

20대 사이에 유행하는 '이생망'이란 신조어가 있다. '이번 생은 망

했다.'는 뜻이다. 생각보다 많은 부부가 결혼 생활에 대한 희망을 버리고 살고 있다. 하나의 패턴이 되어버린 악순환의 고리에 얽매여 "우린 원래 그래." 하며 포기하곤 한다. 괜히 입에 올렸다가 싸움거리만 만들 것이기에 차라리 체념하는 것이다. "다음 생에는 절대 저런 사람과 결혼하지 말자."를 되뇌면서 말이다.

과연 우리는 결혼 생활을 그런 식으로 영영 포기해야 할까. 좋은 쪽으로 되돌리는 건 불가능할까. 하지만 나는 확실히 말할 수 있다. 되돌릴 수 있다. 결혼을 비즈니스처럼 생각하는 사고의 전환이 있다면 얼마든지 가능한 일이다. 이전 파트에서 살펴본 비즈니스의 첫 번째 원칙을 상기해 보라. 스스로 확신을 가져라. 세상에 불행해지기 위해 태어난 사람은 없다. 생명이라면 누구나 사랑받기를 원하고, 행복해지고 싶다. 당신도 얼마든지 행복해질 권리가 있다.

결혼 생활, 즉 가정생활이란 누구에게나 인생의 지대한 부분을 차지한다. 물리적인 측면에서는 어떨지 몰라도 심리적인 면에서는 거의 전부일 수도 있다. 어린 시절 겪었던 가정생활의 기억은 싫든 좋든 성인이 되어 본인이 새로운 가정을 이루게 되면 거기 영향을 끼친다. 그리고 다시 그 가정생활이 나머지 인생의 행복과 불행을 좌우할 수도 있다. 부부 본인들뿐 아니라 그 가정 안에서 자라나는 자녀의 삶에도 평생 가는 정서적 토대로 이어진다.

그런데 그걸 왜 포기하는가. 삶에서 그처럼 확고한 위치를 점유하는 결혼 생활을 포기한다는 것은 삶 자체를 포기하는 것과 같다. 삶은 두 번 주어지지 않는다. 누구에게나 단 한 번뿐인 삶을 포기와 후회로 대충 살 수는 없다. 더더욱 아이가 있는 경우라면 사랑하는 아이의 일생을 위해서라도 화목한 가정의 행복을 결코 포기해선 안 된다. 결혼도 비즈니스처럼 잘못된 길을 가고 있다 싶으면 과감하게 변신을 꾀해 더 나은 방향으로 이끌어가야 한다.

그렇다면 어떻게 해야 잘못된 결혼 생활을 바꿀 수 있을까. 결혼 생활의 갈등을 부르는 삶의 고착화된 패턴을 깨는 첫걸음은 지금까지 해왔던 자신의 생각과 행동을 '완전히 다르게' 바꾸는 것이다. 비즈니스의 측면에서 말해보자. 손님에게 밑반찬 한 번 더 주는 걸 아까워하는 식당 경영자가 좋은 평판을 얻을 수는 없다. 반찬을 아끼는 '소탐小貪'이 손님을 잃고 사업도 망하는 '대실大失'을 부른다는 사실을 명심하고 마음을 넉넉하게 쓰는 순간 그의 사업은 변화가 일기 시작할 것이다. 생각을 바꾸고 행동을 달리함으로써 그는 손님과의 관계를 개선하고 더 많은 매출을 올릴 수 있다. 한 가정의 경영자인 당신도 마찬가지다. 내 감정대로 막 나가기보다 비즈니스 파트너인 남편의 마음을 살 수 있는 적절한 대처를 고민해보아야 한다. 가족 비즈니스의 상대와 좋은 관계를 구축하고 자신이 원하는 '화목'이란 궁극의 목적을 달성할 수 있는 방법을 찾아내자. 나는 삶을 실질적으로 변화시킬 수 있는 다음과 같은 네 단계의 방법을 당신에게 제시하려한다.
이 방식의 이름을 '달라지기 프로젝트'라 부르기로 하자.

달라지기 프로젝트

인식하기

갈등의 패턴을 깨고 달라지기 위해서는 첫 번째로 자신과 상황
을 객관적으로 볼 수 있는 통찰의 눈이 필요하다. 먼저 스스로 돌
아보고 자기 자신을 명확히 알아야 한다. 비즈니스의 세계에 냉정
한 판단과 대응이 필요하듯 가정생활을 이끌어가는 것도 이성적,
합리적인 대처가 필요하다. 우선 감정적인 면을 배제하고 냉철하
게 상황을 직시해야 한다. 자신의 어떤 점이 객관적 · 논리적으로
문제가 있는지, 상황이 악화되는 출발점이 혹 자신에게 있는 것은
아닌지 살펴보라. 그 결과 이 방향이 아니다 싶으면 다시 가정생
활을 리셋하고 새로운 시스템을 도입해야 한다.

가령 앞의 예시 속 아내는 상대가 원하는 것이 무엇인지 고려
하지 않은 채 자신의 입장만 내세웠다. 자신이 원하는 바는 남편이
일찍 들어와 육아를 함께하고, 살림을 돕는 일이지만, 실제 남편
을 그런 방향으로 움직이기 위한 비즈니스 전략도 세우지 못했다.

자기 자신을 돌아보는 것은 스스로가 내 인식의 주체자가 되기 위한 출발점이다. 그렇게 함으로써 자기 자신과 상황을 손아귀에 틀어쥐고 감정을 조절하며 매사에 효과적인 대처가 가능해진다. 자기 자신을 알고 상황과 패턴이 파악되었다면 이제 준비 단계는 끝이다. 그 다음은 본격적인 달라지기 프로젝트에 돌입해보자.

상상하기

비즈니스의 성공을 원할 때 자신이 원하는 것을 먼저 상상하듯이 본인이 그리는 이상적인 가정생활에 대해 먼저 상상해보는 것이다. 구체적으로 상상하고 노력한다면 그것은 그대로 이루어지는 법이다.

우선 자신이 어떤 결혼 생활을 원하는지 그려보자. 그런 다음 그 지점까지 가기 위해 어떤 일부터 손을 대야 하는지 생각해보자. 인간은 일단 목적지를 명확히 정하면 거기 도달하기 위해 어떤 경로를 택해야 하는지 본능적으로 찾아내게 돼 있다. 내가 꿈꾸는 '행복한 가정'으로 가는 길에서 어느 부분을 어떻게 대처해야 좋은 결과가 나올지 눈에 확연히 보이게 된다. 거기 위배되는 일이 무엇인지도 깨닫게 된다. 적어도 상대의 마음을 사야하는데 먼저 화부터 내거나 상대가 싫어하는 말로 감정을 상하게 하진 않을 것이다.

그 다음엔 실제로 행동에 옮기는 게 중요하다. 머뭇거림, 눈치 보기, 후회와 회의, 이런 요소들은 하등 도움이 되지 않는다. 행동에 옮길 때는 그저 앞으로 나아가겠다는 의지와 용기만으로 충분하다.

당신이 원하는 상황은 회식이 있다 해도 갈등 없는 평안한 밤을 맞는 것이다. 그리고 한 걸음 더 나아가 당신의 남편이 힘든 당신의 일상에 진심으로 공감해 주었으면 한다. 방법은 간단하다. 하루 종일 회사 일에 시달렸으니 이 기회에 사람들과 술자리를 즐기며 스트레스를 해소하라고 아내인 당신이 남편에게 먼저 말해 주면 된다. 사실 비즈니스에서 원하는 바를 얻기 위해선 이쪽에서 한 수 접고 들어가는 경우가 많다. 상대의 입장이 되어 이해하고 상대가 원하는 것을 먼저 주는 게 성공을 부르는 현명한 비즈니스 방식이다. 갑작스레 회식을 할 수밖에 없는 남편의 입장을 이해하고, 이미 벌어진 상황에 대해서는 상대를 탓하기보다 최대한 스스로를 자제하며 바람직한 결과에 이르도록 이끌어가야 한다.

그렇게 말해주는 순간 남편은 당신에 대한 고마움과 미안함을 느낄 게 틀림없다. 일찍 들어오라 잔소리를 하지 않아도 불필요한 2, 3차를 마다하고 일찌감치 집에 들어올 마음이 절로 생긴다. 또한 다음번부터 분명 일찍 들어와 당신의 집안일을 돕고 싶으나 상사의 눈치를 봐야 해서 어쩔 수 없다고 미리 전화로 당신에게 양해를 구하게 될 것이다. 당신의 생각과 행동의 변화가 당신을 대하는 남편의 태도를 바람직하게 변화시키는 것이다. 그것이 바로 악순환의 패턴을 선순환의 패턴으로 바꾸는 비즈니스 고수의 결혼 생활 경영 비법이다.

돌아보기

앞에서 밝혔다시피 나는 비즈니스를 하며 한 번도 실패해본 적이 없다. 어떤 일이 잘 안 된 것을 실패라고 인정하지 않기 때문이다. 그것은 더 잘 된 길로 나아가기 위한 시행착오의 과정일 뿐이다. 단, 반드시 복기가 필요하다. 모르고 지나가면 개선되지 않는다. 평소와는 다르게 바뀐 자신의 호의 어린 한마디가 남편을 움직였다면 앞으로도 그 방식을 고수하면 된다. 만약 그렇게 했음에도 남편의 태도에 특별한 변화가 없다면 처음부터 다시 상황을 점검해보자. 남편의 마음에 또 다른 응어리가 있는 건 아닌지, 문제의 초점이 다른 쪽에 있는 건 아닌지 세심하게 파악한 다음 그에 맞춰 전략을 재수정하는 융통성을 발휘해야 한다.

자, 이제 다시 한 번 정리해보자. 다른 삶을 원한다면 다르게 행동하는 게 마땅하다. 달라지기 위해선 우선 자신에 대한 성찰이 필요하다. 자기를 아는 것은 환경에 이끌려가며 마지못해 살고 있는 수동적 태도에서 벗어나 능동적으로 삶을 컨트롤하는 자기 삶의 주도자가 되는 일이다. 다르게 행동할 수 있다는 것 자체가 자기 삶의 주도권을 잡았다는 증거이다. 발목에 찬 모래주머니처럼 무겁게 자신을 옥죄던 상황을 물리치고 거기 안주하고 있던 마음과 몸을 일으켜 변화를 꾀했다는 건, 일종의 인간초월과도 같다. 내가 내 인생을 그렇게 이끌어가기 시작했을 때 비로소 답답한 상황을 타개하고 거기서 벗어날 수 있다.

결혼해본 사람들은 다 알 것이다. 결혼식장에 모인 친척과 지인들 앞에서 두 사람이 다지는 결혼서약은 현실에서 이행하기 쉽지 않은 종이계약서에 불과하다는 것을. 결혼은 실전이다. 순간순간 마주치는 상황에 자신이 지닌 총력을 기울여 대처해 나가지 않으면 안 된다. 상대가 내게 대하는 태도가 바뀌길 원한다면 기필코 잊지 말자. 지루하고 숨 막히는 현재의 결혼 생활에서 해방되고 싶다면 지금 바로 이 순간 나부터 달라져라. 진정 다른 삶을 원한다면 지금까지와는 다르게 행동하라.

당신 안의 선을 허물어라

인간과 인간 사이에는 서로 넘지 말아야 할 선이 있다. 예를 들면 사생활을 침해한다든지 개인적인 영역을 침범하는 일 같은 것이다. 그 선은 만인이 공감하는 상식적인 선이다. 반드시 지켜져야 하는 선이다. 그 선을 지키면 지킬수록 당신은 상대에게 예의바른 사람이란 인상과 함께 굳건한 신뢰를 받게 된다.

그에 비해 자기 안에 스스로 만든 선이 있다. 그 선은 지극히 개인적인 기준에 의해 그어놓은 것이다. 자신만의 편견이거나 고정 관념,

혹은 치부나 상처가 건드려지는 걸 방어하려는 선이 대부분이다. 자기 안의 선이 누구나 납득 가능한 종류가 아니라면 그것으로 상대를 재단해서는 곤란하다. 사람들과의 원활한 소통을 위해 반드시 허물어야 하는 선이다.

인간과 인간이 쉽사리 친해지기 힘든 이유 중 하나도 자기 안에 그어놓은 선이 있기 때문일 것이다. 보통 그 선은 스스로가 만들고 그 내용을 남에게 말하기 쉽지 않은 비밀스런 것일 경우가 많다. 만약 당신이 사회생활을 하면서 상대방이 그 선을 넘었다고 벌컥 화를 낸다면 그는 영문을 몰라 황당해질 것이다. 상대는 그게 어떤 선인지 알 수 없다. 그러니 어떻게 피해 가는지조차 짐작하기 힘들다.

부부관계에서도 그 선은 갈등을 불러일으키는 위험 요소로 작용한다. 이웃의 한 교사 부부 이야기이다. 전업주부인 아내는 남편의 예측 불가능한 행동으로 인해 살얼음판을 걷는 기분으로 살아왔다. 평소 말이 별로 없으며 성격이 유한 편인 남편은 가끔 아내가 무언가 한마디 하면 별일이 아닌데도 버럭 화를 내곤 했다. 아내는 결혼한 지 15년이 지났지만 아직도 남편이 왜 화를 내는지 전혀 알 수가 없다.

그런 면만 제외한다면 남편은 나무랄 데 없이 가정에 충실한 사람이었다. 학교에서 돌아오면 피곤할 텐데도 저녁식사 후 설거지는 반드시 자신이 했다. 아내가 친구를 만나러 가거나 미팅이 있을 때면 되도록 저녁 약속을 권하며 퇴근 후 직접 태워다주기까지 했다. 아무리 졸려도 아이들 공부는 꼬박꼬박 챙겨준 후에야 잠이 들었다.

남편이 뜬금없이 화를 낼 때마다 혹시 아이들 앞에서 큰 싸움으로 번지지 않을까 하는 걱정에 아내는 되도록 남편을 자극하지 않으려 애썼다. 그러다 보니 도대체 왜 화를 냈느냐고 물어보는 건 엄두도 내지 못한 채 가장 믿음직해야 할 남편에 대해 심리적인 거리감을 느끼며 살고 있었다.

어느 날 아내는 남편 친구들 모임에 함께 참석했다가 그중 술이 거나하게 취한 한 친구로부터 뜻밖의 이야기를 듣는다.

"제수씨, 쟤 좀 그만 갈궈요. 자기 딴엔 할 만큼 한다는데 뭘 그렇게 욕심을 부려요."

대체 친구한테 평소 무슨 소리를 했기에 저런 말을 다 하나 싶어 불쾌해진 아내는 다음날 술이 깬 남편과 큰 언쟁을 벌인다. 자초지종을 듣고 보니 남편은 아내가 늘 박봉의 자신을 원망하며 살고 있다고 여겼다. 그걸 만회하기 위해 몇 년 전 고장 난 뒤로 다시 장만하지 못한 식기세척기를 대신해서 자신이 직접 설거지를 했다고 한다. 아내의 친구들은 모두 남편 차가 아닌 자기 차를 가지고 나오는데 자기만 세 컨드 카를 사주지 못한 게 미안해 아내를 직접 태워다 주기도 했다. 아이들 학원비 아끼는 데 도움이 될까 하고 매일 공부도 살펴줬다. 그 렇게 노력하는데도 불구하고 아내가 어쩌다 세척기 이야기를 꺼내거 나 친구들이 잘사는 모습을 부러워하고 학원비 걱정을 할 때면 도저 히 참을 수가 없었다고 한다.

사정을 듣고 보면 남편도 아내도 큰 잘못은 없어 보인다. 남편의 딱 한 처지엔 인간적인 연민마저 느껴진다. 그럼에도 불구하고 남편에겐 한 가지 문제가 있다. 아내는 딱히 그런 마음이 아닌데도 스스로 아내 가 자신을 원망한다고 추정했고, 그 추정 위에 하나의 경계선을 그어 버린 것이다. 그리고 그에 의거해 아내가 평소 자신이 만회하려 노력 하는 특정한 일에 대해 이야기를 꺼내면 자신 안의 선을 넘어섰다는 생각에 무조건 화부터 냈다. 본질을 파고들면 논리나 타당성도 갖추 지 못한 실체 없는 허상일 뿐인데도 그것에 자기 자신을 얽어매고, 실 재하는 배우자와의 결혼 생활에 불신과 갈등의 그림자를 던져주었던 것이다.

세상에는 지켜야 하는 선이 있고 허물어야 할 선이 있다. 다른 이 들을 침범하는 선은 넘지 말고 지켜야 한다. 내 안에 그은 나만의 선 은 허물어버리는 게 옳다. 주고받는 것이 명쾌한 비즈니스 관계에서

단 한번이라도 거래 상대가 그런 식의 행동을 보인다면 향후 거래 자체가 불가능하게 된다. 비즈니스에서 가장 중요한 신뢰를 무너뜨리기 때문이다. 당신은 지금 결혼 생활을 비즈니스처럼 이끌어가는 지혜를 배우는 중이다. 그렇다면 반드시 그 선을 허물어야 한다. 배우자가 동의한 적 없는 혼자만의 선을 없애고 경계 없는 마음으로 상대를 대할 때 비로소 공존의 평화가 찾아올 것이다.

성공하는 언어의 기술

내게는 일곱 살짜리 딸이 있다. 아무래도 아이들은 숙제하는 걸 싫어하기 마련이다. 그럴 때 나는 아이에게 숙제하라고 잔소리를 하기보다 먼저 칭찬부터 해준다.

"우리 하린이는 어쩌면 숙제를 저렇게 좋아하지? 엄마보다 영어를 너무 잘해. 하린인 공부를 열심히 해서 이담에 꼭 훌륭한 사람이 될 거야."

그러면 신기하게도 TV를 보며 숙제하기 싫다고 떼를 쓰던 아이가 바로 책장을 펼쳐 든다. 칭찬 한마디의 힘을 실감하는 순간이다. 말이란 그런 것이다. 똑같은 내용을 전달하더라도 어떻게 표현하느냐에 따라 상대를 감화시키거나 움직이는 위력을 발휘한다.

언어란 사람의 생각과 느낌 같은 것을 나타내거나 전달하는 데 쓰는 음성과 문자, 몸짓 등의 수단 또는 사회 관습적 체계를 일컫는다. 한 사람이 쓰는 언어에는 그의 내면과 인격이 반영된다. 특히 말의 경우는 문자와 달리 즉각적인 면이 있다. 일단 한 번 밖으로 내뱉어지는 순간 다시 주워 담기 힘들다. 그런 만큼 보다 신중하게 사용해야 할 필요가 있다. 내 입에서 나오는 말 한마디가 내 마음 속에 있는 나의 모습을 그대로 드러낼 것이기 때문이다. 어떤 말을 쓰느냐에 따라 그것이 내 인격과 이미지를 갉아먹을 수도 있고 말을 나누는 상대에게 좋은 느낌을 줄 수도 있다. 그래서 나는 당신에게 기왕이면 자기 안의 모습 중 '가장 인간적이고 매력 있는 나'를 꺼내 상대에게 보여주라고 말하고 싶다.

인간관계의 성공도 결국은 언어를 어떻게 효과적으로 쓸 것인가 하는 문제, 즉 '언어의 기술'에 달려있다. 당신이 쓰는 말 한마디로 돈독한 관계가 이어지기도 하고 반대로 상대를 당신에게서 완전히 앗아가기도 한다. 가는 말이 고우면 오는 말이 곱다는 말처럼 당신이 상대를 존중하면 상대도 당신을 그렇게 대접한다. 앞서 내 아이의 예에서 본 것처럼 말의 효과는 단순히 나의 내면을 보여주는 것에서만 그치지 않는다. 좋은 말은 상대를 감화시키고 스스로 움직이게 만드는 동력이 되며 상대를 성장시키기도 한다.

그렇다면 인간관계의 성공을 위한 언어의 기술은 구체적으로 어떤 내용일까. 무엇보다 중요한 것은 먼저 상대가 말하는 내용 속에 담긴 속내를 정확하게 간파하는 것이다. 그런 다음 그에 어울리는 적확한 언어를 구사해야 한다. 또한 기본적으로 상대를 이해하고 존중하는 말투를 사용하는 것이 좋다. 내 의견이 아무리 좋아도 상대의 의견을 '아니'라고 부정하는 순간 상대는 더 이상 당신의 이야기를 듣지 않게 된다. 상대에 대한 신뢰가 담긴 언어는 그를 더 발전적으로 움직이게 하는 강한 동기가 된다. 말 표현 하나하나에도 세심한 주의를 기울여야 한다. 똑같은 말이라도 보다 긍정적이고 품격 있는 어휘를 사용하는 것이 바람직하다.

비즈니스 현장의 리더로서 인재를 대하는 자세에 있어서도 어떤 언어를 사용하는가는 몹시 중요한 일이다. 나 역시 항상 우리 직원들에게 "난 너를 믿어. 이번엔 상황이 안 받쳐줘서 네 실력이 안 드러났지만 다음번엔 분명히 잘해낼 거야. 나는 네가 계속 이 일을 맡아줬으면 좋겠어."같은 말로 굳은 신뢰를 보여주곤 한다. 성공하는 언어의 기술이란 그처럼 상대에게 좋은 영향을 주고 한 걸음 더 나아가 상대를 발전시키는 방향을 지향해야 한다.

가장 가까이서 일상을 함께하는 부부는 그 어떤 인간관계보다 서로의 말에 예민할 수밖에 없다. 특히나 마음속 깊이 배우자에 대한 불만이 있을 경우 자기도 모르게 말 속에 그런 감정이 실릴 때가 있다. 때로는 의도적으로 그런 감정을 드러내기도 한다. 어느 경우든 배우자가 자신의 불만을 알아줬으면 하는 마음이 담겨있을 것이다. 하지만 그런 방식은 배우자에게 반감만 불러일으킬 가능성이 크다. 당신이 진정 원하는 게 불만을 해소하는 거라면 좀 더 전략적인 언어를 선택해야 한다.

이를테면 배우자로 하여금 스스로가 평소 아내의 고충을 잘 이해해주는 사람이란 사실을 먼저 일깨워보는 것이다. 그런 다음, "나 지금 설거지거리가 너무 많아 힘들어. 당신이 좀 도와줄 거지?"라며 부드럽게 말해보자. 아마도 배우자는 흔쾌히 당신의 제안을 받아들일 것이다. 그때 당신이 반드시 잊지 말아야 할 한마디가 있다.

"고마워. 역시 당신이야. 여보 사랑해!"

믿음은 사람을 성장 시킨다

《리더스 다이제스트》는 인터넷이 세상을 장악하기 전 세계적으로 유명세를 떨친 종합교양잡지이다. 주로 마음이 따뜻해지는 일화나 재치 있는 유머를 담고 있었다. 10대나 20대에겐 낯설 수 있으나 그 외의 세대들에겐 추억이 얽힌 이름일 것이다. 잡지를 만든 이는 미국사람인 드윗 월리스이다. 농업 관련 출판사에서 사회생활을 시작한 그는 어느 날 기발한 생각을 해낸다. 다양한 농사 기술 책에 실려 있는 내용들을 읽기 쉽게 요약해서 한 권의 책자로 만든다는 아이디어이다. 첫 출판은 실패로 돌아간다. 하지만 그는 자신의 생각을 포기하지 않고 또 다른 발상으로 연결시킨다. 이번엔 유명 잡지에 실린 기사를 요약한 잡지를 만들겠다는 것이다.

드윗은 1차 세계대전에 참전하게 된다. 부상을 당한 그에게 비로소 그런 생각을 현실로 옮길 기회가 다가온다. 병상에 누워있는 동안 그는 무료함을 달래기 위해 읽던 여러 잡지의 기사들을 요약하는 작업에 열중하기 시작한다. 그런 과정을 통해 원래의 취지와 감각을 크게 손상시키지 않는 범위 내에서 기사를 줄이는 요령을 터득한다.

그로부터 2년 후인 1920년, 그는 인간 내면의 보편적 가치와 재미가 담긴 기사 수십 편을 요약한 글들을 모아《리더스 다이제스트》라는 이름의 작은 포켓 사이즈 잡지 원본을 만든다. 그러나 막상 책을 출간하려 하자 그의 뜻에 동참하는 후원자를 찾을 수 없었다. 위기에 처한 그가 실의에 빠지려는 찰나 그의 앞에 한 구원자가 나타난다. 후일 그의 부인이 된 라일라였다. 그녀는 드윗의 발상에 진심으로 공감하고 그를 믿어준다. 그리고 그가 만든 잡지가 언젠가 반드시 대중의 시선을 끌 거라며 격려한다.

라일라의 깊은 신뢰에 용기를 얻은 드윗은 직접 발로 뛰며 잡지를 발간하기로 결심한다. 돈이 한 푼도 없던 그는 결혼식 직전 얼마간의 돈을 빌린 후 잡지를 소개한 편지 수천 통을 써서 사람들에게 보낸다.

두 사람의 간절한 마음이 전해져서일까. 신혼여행에서 돌아온 드윗과 라일라는 예상치 못한 상황에 깜짝 놀란다. 수많은 사람들이 그들의 정성스런 편지에 호응해서 구독료를 보내왔기 때문이다. 1922년 드디어 드윗은 그 돈으로 잡지의 창간호를 내게 된다.

그 후《리더스 다이제스트》는 전 세계에서 가장 잘 나가는 잡지 중 하나가 되었다. 그 모든 성공의 진정한 출발점은 아마도 드윗의 발상에 공감해주고 그가 포기하지 않도록 용기를 북돋아 준 라일라의 전폭적인 믿음일 것이다. 드윗이 잡지를 성공시키기 위해 백방으로 노력을 기울인 이유도 그런 아내의 믿음을 저버릴 수 없다는 굳은 마음가짐 덕분이었다고 본다.

내 경우도 다르지 않다. 남편과 가족들의 한결같은 믿음과 지지는 현재의 내가 사업을 성공으로 이끌기 위해 끊임없이 노력하게 만드는 근본의 힘이 되어준다. 나에 대한 그런 절대적인 믿음을 떠올릴 때마다 나는 편안하게 안주하고 싶은 마음을 떨치고 일어나 공부하고 또 발로 뛰며 새로운 경지를 개척하게 된다. 그리고 그런 노력들이 작은 성취가 되어 차곡차곡 쌓이며 나를 내면적으로, 또한 외형적으로 점차 성장하도록 만들어주고 있다.

그처럼 누군가가 믿어준다는 것은 나를 성장시키는 강력한 힘으로 작용한다. 그것은 비즈니스에 있어서도 동일한 능력을 발휘한다. 사업을 하면서 나는 직원을 믿어주는 신뢰의 리더십이 그들에게 얼마나 엄청난 힘과 에너지를 주며 회사에 대한 자발적인 협조와 애사심을 불러일으키는지 실감해왔다. 믿음을 전제로 직원들의 잠재력과 재능이 꽃피울 수 있는 기회를 주고, 지속적인 격려를 통해 기를 살려주며 그들의 도전 정신을 자극할 때 얼마나 뛰어나고 눈부신 능력을 발휘하는 직원이 탄생하는지 직접 목격하곤 한다.

신경경제학 분야의 한 연구에 따르면 직원에 대한 신뢰가 비즈니스 성과를 높이고 기업을 성장으로 이끄는 핵심 요인임이 밝혀졌다. 미국 클레어몬트 대학교의 폴 잭 교수 팀은 직원 간 결속을 강화하고 업무 성과를 높이는 데 필요한 요인이 무엇인가에 대한 연구를 진행했다. 그 결과 일반적으로 기업들이 행하는 복지 향상이나 높은 임금 지불 등의 방법은 단기적 효과만 있을 뿐, 장기적인 영향을 주지 못했다. 가장 효과적인 방법은 바로 직원 간 신뢰감을 갖도록 만드는 것이었다. 서로 간에 신뢰를 쌓은 직원들은 업무 수행에서 뛰어난 역량을 보였고 협업이 잘 이루어졌다. 또한 상호 신뢰가 없는 직장의 직원들보다 장기 근무를 하며 일과 삶의 만족도가 더 컸다고 한다.

결혼 생활이라는 비즈니스에서도 가장 강력한 성장의 동력은 바로 믿음이다. 상대를 끝까지 믿어줘야 한다. 당신의 파트너가 당신과 함께 이끌어가는 가족 비즈니스에 성실한 마음으로 행복하게 임할 수 있도록 믿어주고 끊임없는 신뢰를 보내야 한다.

의심과 집착은 정당하게 사랑을 얻는 데 실패한 사람의 비열하고 변변치 못한 자기 방어책이라 생각한다. 그런 행동의 결과 상대에게서 정말로 믿지 못할 증거가 발견되었다며 만족감에 젖는 건 패배를 인정하지 못하는 변명이요 자기합리화일 뿐이다. 일어나지도 않을 일을 상상하며 상대의 마음과 행동을 자기 관점대로 재단하고 사랑이라는 이름으로 집착을 거듭하여 가정이 불행에 빠지는 모습을 우리는 주변에서 또는 신문방송에서 흔하게 접한다.

혹시 당신도 지금 배우자를 의심하고 있지는 않은가. 그렇다면 당신의 귀한 시간은 지금 아주 나쁜 에너지에 휘둘려 낭비되고 있다. 한 번 지나가면 다시 돌아오지 않는 값비싼 인생의 한 순간이 그런 일에 헛되이 낭비되는 건 결코 올바르지 않다. 얼른 자신을 추슬러 그런 시간을 자기계발에 투자하고 스스로의 가치를 올리는 시간으로 바꾸어 보자.

상대에게 베푸는 배려는
나에게 돌아오는 선물이다

일상의 삶이 그렇듯 결혼 생활도 예기치 못한 크고 작은 갈등의 연속이다. 그런 갈등을 어떻게 잘 이겨내고 나와 배우자, 혹은 다른 가족 구성원이 신뢰와 행복감을 유지해나가는가가 현명한 결혼 생활을 이끌어가는 또 하나의 관건이다. 갈등을 없애는 좋은 방법 중 하나는 바로 당신이 먼저 상대에게 관용을 베푸는 것이다.

대부분의 부부싸움은 아주 사소한 상대의 행동이나 언사로부터 감정이 상하며 시작된다. 이를테면 이런 식이다. 아이들과 놀이공원에 가기로 약속한 토요일 아침 남편은 평소보다 늦잠을 잤다. 일찌감치 일어나 준비를 마친 아내는 속으로 짜증이 난다. 하지만 막상 놀이공원에 도착해 신나게 노는 아이들을 보자 마음이 풀린다. 아이들을 위해 함께 놀이기구를 타며 최선을 다해 아빠 노릇을 하는 남편의 모습이 좋아 보이기도 했다. 한 주 동안 직장 일에 시달렸을 텐데 가족을 위해 봉사하느라 얼마나 힘들까 하는 측은지심도 느껴졌다. 집에 돌아올 때는 운전 중 피곤할 것 같아 어깨도 주물러주고, 비타민제도 챙겨줬다.

늦은 밤 아이들을 재운 부부는 소파에 기대어 앉아 휴대폰에 담긴 사진을 넘겨보며 정담을 나누는 중이다. 아내는 활짝 웃는 아이들의 모습을 바라보다가 무심코 말한다.

"우리 자주 좀 나가자. 이렇게 좋아할 줄 알았으면 진작 데리고 나가는 건데. 유치원 친구들이 갔다 왔다고 자랑할 때마다 애들이 괜히 기가 죽어 보이더라. 따지고 보면 애들 잘 키우자고 돈 버는 건데 아껴서 뭐 한다고."

그 말에 남편은 살짝 피로감이 느껴진다. 자신이 하루 종일 온 힘을 다해 고생했음에도 거기서 만족하는 게 아니라 추가로 요구 사항을 꺼내나 싶어졌다.

"아이고 또 간다고? 새 프로젝트 땜에 머리가 복잡하다 야. 당신이 몰라서 그렇지 퇴근했다고 일이 다 끝나는 게 아니에요. 밤새 시달리다 잠 설치고 일찍 일어나려니까 아주 죽을 맛이더라."

순간 아내는 심경이 복잡해진다. 마치 아이들과 놀러가는 게 자신과 아이들을 위해 선심을 쓰는 것인 양 생각하는 남편에 대해 어이가 없어졌기 때문이다.

"흥, 필드 나가는 날이었어 봐. 새벽 댓바람부터 깼을걸."

갑자기 일격을 당한 남편은 잠시 황당해진다.

"거기서 왜 골프 얘기가 나와. 아니 그럼 여러 사람하고 약속돼 있는 걸 기다리게 하니? 그리고 그게 다 밥 벌어먹고 살려니까 나가는 거지. 내가 놀러 나가는 줄 알아?"

일단 말해 놓고 아차 싶었지만 아내는 그렇다고 그걸 다시 주워 담고 싶지는 않다. 남편이 말끝마다 직장 핑계 대며 집안일과 육아는 마치 하찮은 일이라는 듯한 뉘앙스를 풍기는 것도 괘씸했다.

"돈 번다고 되게 유세 떤다 당신. 난들 집구석에 틀어박혀 남편하고 애들만 바라보며 살고 싶겠어? 멀쩡히 일 잘하는 사람 데려다 경단녀 만들어 놓은 게 누군데."

결국 이날의 행복한 가족 나들이는 사소하게 시작된 말다툼으로 인해 두 사람 사이에 깊은 감정의 골만 남긴 채 끝을 맺는다. 남처럼 냉랭해진 부부 사이는 특별한 심경의 변화가 있기 전까지는 돌파구를 찾지 못할 수도 있다.

어느 집이나 부부간의 갈등과 대립이 있기 마련이다. 각자 자신의 입장에만 몰입해서 상대를 탓하려는 마음만 고수하다보면 오해가 거듭되고 갈등이 증폭된다. 별것 아닌 상황임에도 알량한 자존심 때문에 서로 양보할 생각을 못하고 감정적 대치를 이어간다. 조금씩만 상대의 본심을 헤아릴 수 있다면 그렇게까지 나빠지지는 않을 텐데 마음의 문을 굳게 닫아버리면서 빠져나갈 곳 없는 벽 속에 스스로를 가두게 된다.

그런 상태에서 가장 좋은 해법은 당신이 먼저 손을 내미는 것이다. 갈등을 겪는 시간 동안은 누구든 그걸 이겨내기가 쉽지 않다. 그러나 일단 이쪽에서 먼저 마음을 돌이켜 상대를 용서하고 화해의 말을 건네면 그 상황 자체가 눈 녹듯 사라져버린다. 아내는 남편이 직장 일에 시달리면서도 아이들에게 좋은 아빠가 되고 싶어 노력했다는 것을 모르지는 않는다. 남편 역시 아내가 자신을 세심하게 살펴준 마음을 잘 알고 있다. 상대를 향한 원망으로만 치닫는 마음을 차단하고 좋은 쪽으로 생각해보려 마음먹는 순간 그런 면들이 발견되기 시작할 것이다. 그처럼 갈등을 계속 유지할지 아닐지는 마음 하나 바꾸기에 달렸으니 종이 한 장 차이와도 같다.

먼저 용서하고 배려하면 배우자의 마음뿐 아니라 당신 자신이 마음의 고통에서 해방될 수 있다. 용서가 쉽지 않다면 내가 편해지기 위해 손을 내미는 거라 생각하면 된다. 당신이 큰마음을 베풀수록 배우자는 당신에게 더 큰 마음의 빚을 지게 된다. 그렇게 되면 결과적으로 당신은 두 사람의 관계에서 항상 갑이 될 수 있다. 먼저 베푼다는 것은 바로 그런 것이다. 마치 손해를 보는 것 같지만 실은 더 큰 선물이 되어 당신에게 돌아온다.

어린 나이부터 오랫동안 비즈니스를 해오며 내가 절감한 것은 먼저 주는 것의 중요성이다. 나는 사람 복이 많은 편이다. 항상 주변에 좋은 사람들이 있었다. 그 비결은 어려서부터 먼저 베풀고 주는 것을 좋아하는 내 습관에 있었다. 그런 경험을 통해 바로 이 순간 다른 사람에게 베푸는 배려가 나중엔 내게 복이 되어 돌아온다는 사실을 일찍부터 깨달았다. 그러면서 한 번도 상대에게 베푼다고 여겨본 적이 없다. 미래의 성공을 위해 투자한다고 생각한다.

아들 손흥민을 세계적인 축구선수로 키운 손웅정 감독의 자전 에세이,《모든 것은 기본에서 시작한다》속에도 이런 말이 있다.

"성공은 선불이다."

성공이라는 선물은 어느 날 갑자기 찾아오는 게 아니다. 그만큼의 치열한 노력과 준비가 뒷받침될 때 그 결과로서 얻을 수 있는 것이다. 자신에게 돌아오는 인생의 모든 성과 역시 먼저 그만큼의 사전 포석을 깔아놓은 후에 이루어진다. 마찬가지로 인간관계에서도 나를 향한 상대의 호의를 원한다면 자신이 먼저 양보하고 배려하는 자세가 선행되어야 한다.

결혼이라는 비즈니스도 다를 바 없다. 배우자의 마음을 움직이려면 당신이 먼저 베풀어라. 당신의 비즈니스 파트너가 스스로 변화할 수 있도록 그가 가장 원하는 것을 아낌없이 주어야 한다. 그것이 결혼을 성공으로 이끄는 또 하나의 해법이다.

나를 닮은 내 아이를
상상해보라

아이는 세상에 태어나 제일 먼저 엄마, 아빠와 대면한다. 엄마, 아빠를 통해 표정을 배우고 말을 배우고 세상을 살아가는 방법을 배운다. 배움의 첫 단계가 모방인 만큼 아이는 부모를 모방하며 점차 자신만의 색깔이 깃든 생각과 생활 방식을 확립해나간다. 그런 아이에게 당신은 어떤 모습을 보여줄 것인가. 자신의 모습을 닮을 아이를 생각하면 절대 삶을 함부로 살 수 없을 것이다. 좋은 모습, 좋은 행동만을 보여주고 싶은 게 부모 마음인 법이다.

더군다나 가정은 아이가 세상을 살아나가는 데 가장 필요한 요소인 인간관계의 기초를 습득하는 곳이다. 부모에게서 화합의 방법을 보고 배운 아이는 사회 속에서 사람들과 잘 어울리며 살아갈 수 있는 그 무엇보다 값진 재산을 물려받은 것과 다름없다.

갈등과 언쟁, 불화로 얼룩진 가정을 보고 자란 아이의 인생은 슬픔과 분노가 디폴트가 될지도 모른다. 갈등 상황이 일상적으로 벌어지는 가정의 아이들은 오히려 그것을 정상적인 가정의 형태라고 여길 수도 있다. 부부싸움 중인 부모가 자녀를 끌어들여 네 편 내 편을 가르려 한다든지, 아이에게 배우자를 향한 억울함을 토로하거나 비방을 일삼는 것은 아이의 심리적 성장에 악영향을 미친다.

뉴욕대 키벨레 레이버 응용심리학 교수가 이끄는 연구팀이 조사한 바에 의하면 부모의 잦은 다툼은 아이가 감정을 제대로 인식하거나 조절하는 능력을 손상시키는 것으로 나타났다. 연구팀은 아이들 1,025명이 생후 2개월부터 58개월까지 성장하는 동안 가정방문을 통해 지속적으로 집안 내 환경의 변화를 조사했고, 58개월이 되었을 때 아이들이 감정을 정확하게 인식하고 구별하는지를 평가해보았다. 그 결과 부모가 말다툼을 벌이거나 신체적 폭력을 행사하는 모습에 장기적으로 노출된 아이들은 스스로의 감정을 조절하는 능력에 영향을 받았고 훗날 불안과 우울증에 빠질 가능성이 높았다고 한다.

나는 어린 시절 부모님이 일찍 이혼하셨다. 그로 인해 이혼 가정의 아이가 겪어야 할 어쩔 수 없는 과정들을 거쳐야 했다. 그런 상황 속에서 부모라는 존재의 책임감을 그 누구보다 절실히 통감했다. 그리고 내 자식만큼은 절대 나 같은 운명을 되풀이하게 하지 않을 것이라 다짐했다. 나의 아이에게 평생토록 이혼하지 않는 안정되고 행복한 가정을 선물할 것이고, 부모로서 책임감을 다하는 엄마가 될 것이라고 마음 깊이 새겼다. 결혼 상대를 고를 때도 안정적인 결혼 생활이 가능할 것 같은 기본이 된 사람을 찾았고 현재도 남편과 갈등 요소를 만들지 않도록 노력하며 살고 있다. 물론 우리가 현실에서 부딪히는 부부 관계는 다소 다툼과 분쟁이 있기 마련이다. 하지만 그 순간들을 얼마나 슬기롭게 대처하고 이겨나가느냐에 우리들 각자마다 성공된 결혼 비즈니스의 해법이 있다고 생각한다. 서로 의견이 엇갈리거나 불만이 생긴다 해도 아이가 바라볼 부모의 모습, 부모를 닮을 아이의 모습을 생각하며 한 번 더 이해하고 보다 완만한 해결책을 찾고 있다.

물론 아이들은 부모가 의도한 대로만 크는 존재가 아니다. 아이 나름의 생각과 의지로 본인 스스로 커간다. 부모가 모든 걸 다 갖추어준 집 아이들이라고 해서 모두 잘 되지는 않고, 반대로 부모의 사랑 없이 힘겹게 아이가 사회 속에서 큰 성공을 이루는 경우도 많다. 그럼에도 불구하고 부모라면 아이의 성장에 긍정적 도움을 줄 수 있도록 최선의 역할을 다해야 할 것이다. 적어도 아이의 정서적 토대가 마련되는 어린 시절, 평온하고 행복한 가정의 안정감 속에서 관심과 신뢰를 받고 자란 아이는 평생 무슨 일을 하든 흔들리지 않는 자신감 속에 살아갈 것이다.

오늘 당신이 감정에 이끌려 내뱉은 한마디가 배우자를 자극해 갈등 상황이 생긴다면 그것은 아이의 미래를 좌우하는 상처가 될 수 있다. 다가올 미래에 마이너스가 될 것을 뻔히 알면서도 아무 생각 없이 감정에 휘둘려 손해될 일을 하는 것은 현명한 결혼 비즈니스의 자세가 아니다.

암소가 아닌 여왕이 되어라

아마도 독자들에게 이 제목은 상당히 도발적으로 다가갔을 것이다. 하지만 시선을 끌었다면 그것만으로도 이 표현은 제 효용을 다한 것일지 모른다. 여기서 '암소'란 동물적 본능의 상징이다. 상대적으로 '여왕'은 당당한 위용으로 자신의 왕국이나 제국을 다스리는 자신감 넘치는 여성의 상징으로 쓰인 것이다. 인간은 자기 초월이 가능한 고등한 존재이지만 동물적 속성도 부인할 수 없다. 본능에만 자신을 맡기고 살아간다면 동물과 다를 바 없는 존재일 것이다.

남자들도 마찬가지다. 사냥과 종족 번식에만 온 생애를 바치는 수사자가 될 것인지 제국이나 왕국을 다스리는 의연한 황제나 왕이 될 것인지는 자신이 선택하기 나름이다. 힘과 가부장의 권위를 내세우며 가정에 군림하려 드는 것은 동물의 세계에서나 적합한 행동이다.

결혼을 하고 아이를 낳아 기르면서 우리는 어쩌면 본능에 더 치중한 삶을 살고 있는지 모른다. 스스로의 결혼 생활을 한번 돌아보자. 신혼 초반 당신이 아름답게 가꾸고 싶었던 가정이라는 세계는 이제 육아와 집안일에 지친 당신에게 버려진 지루한 일터가 되어버린 건 아닌가. 모든 걸 포기하고 속해버리면 세상 편안해지는 '아줌마'라는 타이틀 뒤에 숨어 거울 보는 일조차 귀찮아하는 건 아닌가. 그러면서도 당신의 배우자가 다른 곳으로 눈길을 돌리면 끝없이 의심하고 집착하면서 인생의 귀중한 시간을 낭비하고 있는 건 아닌가. 배우자의 일거수일투족에만 온 신경을 기울이느라 정작 '나'라는 주체의 독립적인 삶을 잃어버린 건 아닌가.

당신은 어쩌면 자신이 그렇게 살고 있는 것이 배우자의 탓이거나 결혼이란 제도 탓이라고 원망할지 모른다. 그러나 그런 상황으로 자신을 이끌어가는 건 자기 자신일 확률이 크다. 취집에 대한 막연한 환상만으로 결혼에 올인 했지만 창살 없는 감옥처럼 외부와 단절된 채 밑도 끝도 없이 루틴한 일상을 살고 있다면 그것은 순전히 당신 탓이다. 그렇게 살아간 훗날 아이들이 다 크고 빈 둥지만 남았을 때 비로소 잃어버린 나를 찾기 위해 애쓰는 삶의 패턴은 우리네 엄마 시절의 이야기다. 세상이 달라져도 한참 달라진 지금 당신은 좀 더 분연히 일어나야 한다. 한 번뿐인 당신의 젊은 날이 다 지나기 전에 자기 눈앞의 매순간에 충실해야 한다.

만약 당신이 전업주부라면 비즈니스 마인드를 갖춘 진정한 프로페셔널 전업주부가 돼라. 당신의 일터이자 안식처인 집안을 자신의 취향과 개성이 듬뿍 담긴 자신만의 공간으로 만들라. 자신만의 전문 분야를 개척하라. 세상에는 요리나 청소비법, 집안정리 비법, 옷 만들기, 혹은 가드닝이나 자신만의 육아 노하우를 블로그나 유튜브에 올리고 책으로 펴내며 프로 주부로서의 전문성을 뽐내고 사는 주부들이 적지 않다. 정치, 경제, 사회, 문화의 여러 분야가 있듯 가정도 분명 그 안에서 자기 자신을 성취할 수 있는 하나의 전문 분야이다.

직장 일을 겸한 주부라면 가정을 일터의 연장선상에 놓고 있는 건 아닌지 한번 뒤돌아보라. 일은 일이고 가정은 가정이다. 일에서 받은 스트레스를 집안으로 끌어들이는 건 곤란하다. 아이가 있고 남편이 있다면 집에서만큼은 온전히 엄마가 되고 아내가 돼라. 한 가정을 관리하는 주부가 돼라. 당신이 밖에서 일을 하고 있다고 해서 가정에 소홀해도 면죄부를 받던 시절은 지났다.

가정은 한 여성의 왕국이자 제국이다. 우리 모두는 암소가 되기보다 여왕이나 여제가 되어야 한다. 여왕이 되어 자신의 권역 곳곳에 자기만의 숨결을 불어넣고 가꾸어라. 자신만의 왕국과 제국을 다스려라. 남자의 일상에 얽매인 감정의 노예가 되지 말고 그들을 의연하게 다스리는 여왕이 돼라. 남자를 다스린다는 건 그들에게 전권을 휘두르고 통제하라는 뜻이 아니다. 그들 안에 있는 존경심을 이끌어내어 그들 스스로가 당신을 기꺼이 여왕으로 추대할 만큼 내면과 외면이 모두 여왕으로서의 자질과 능력을 갖춰야 한다는 의미이다. 여왕이 되기 위해서는 치열한 노력이 필요하다. 남자를 다스리려면 자신이 그보다 더 능력 있는 여자가 되어야 한다. 실력을 갖추기 위해 끝없이 공부하고 또 공부하라. 스스로의 이미지를 관리하고 날마다 새로운 모습으로 거듭나라.

당신은 지금 배우자와 결혼이라는
비즈니스를 하고 있다.
그는 결혼 비즈니스의 동반자이자 파트너이다.
당신의 파트너는 지금 자유로운 삶을 원한다.
당신의 파트너는 지금
공황장애의 숨 막히는 호흡을 하고 있다.
당신의 파트너는 지금
당신이 조금만 뒤에 서있기를 원한다.
존중하라!
제발 그의 삶에서 떨어져 줘라!
그것이 바로 당신이
결혼이라는 비즈니스에서 성공할 수 있는 비결이다.

결혼 비즈니스 솔루션 Ⅱ
〈 관계 〉

사랑의 기초는
상대에 대한 존중이다

결혼의 구심점이 인간관계이듯 비즈니스의 핵심도 인간관계이다. 상대와의 거래도, 상대에게서 신뢰와 함께 일을 얻는 것도, 혹은 인재를 채용하거나 직원을 리드해나가는 일도 결국은 인간관계로 귀결된다. 작가이자 강연가인 데일 카네기는 자기계발서의 고전이라 불리는 《데일 카네기 인간관계론》에서 '인간관계의 기본은 상대에 대한 존중'이라 말한다. 결혼 생활이라는 비즈니스를 함께 운영하는 남편과 아내라면 귀담아 들어야 할 조언이다. 결혼은 하나의 인격체로서 다른 인격체와 만나 서로 다른 면을 인정하고 노력을 통해 맞춰가며 사는 것이다. 그러기 위해 가장 먼저 필요한 요소는 존중이다.

배우자가 "당신이 뭘 알아?"라는 식으로 말끝마다 무시한다면 당신은 결혼 생활을 즐겁게 유지하고 싶을까. 당연히 그렇지 않을 것이다. 상대를 존중한다는 것은 그만큼 관심과 애정이 있다는 것을 뜻한다. 가령 이혼 법정에 서서 각자의 지분을 더 챙기려 다툼을 벌이는 부부 사이에는 상대를 헐뜯고 깎아내리려는 마음밖에 없다. 그들에겐 이제 사랑도 서로에 대한 관심도 없다. 상호 존중이 사라진 막장에 이른 것이다. 부부 관계를 이어주는 끈이 은은하게 지속되는 마음 깊은 사랑이라면 사랑을 유지시켜주는 기초는 상대에 대한 존중이다.

그러나 상대를 무시하는 발언을 일삼는 배우자라 해도 그 원인을 파고들어 보면 의외의 모습을 발견할 수도 있다. 배우자가 본래 오만한 성격이거나 사람을 얕보는 타입이 아니라면 그의 행동 속에 당신의 평소 행동이 투영된 것인지도 모르기 때문이다. 원래는 괜찮은 사람이었는데 그렇게 변했다면 배우자를 비난하기 전 자기 자신을 돌아보라. 어쩌면 당신이 먼저 상대를 존중하지 않은 것에 대한 반작용일지도 모른다.

남자들은 결혼 생활에서 아내로부터 '존중' 또는 '존경'을 가장 원한다는 조사 결과도 있다. 하버드대 출신의 공공정책연구가이며 부부관계에 관한 코칭 분야에서 활약하는 선티 펠드한의 연구에 의하면 남자들은 결혼 생활에서 무엇보다 아내가 자신의 판단이나 결정, 능력에 대해 존중해주기를 원했다. 하지만 현실은 사회에서 제 아무리 인정받는 사람도 아내한테서만은 무시를 당하는 경우가 많다고 한다. 또한 그들은 아내가 대화 중 자신에게 무례한 말을 하거나 공개적인 모임에 나가 자신을 비하하는 것을 몹시 고통스러워했다. 해야 할 일이 있을 때 아내가 "당신 그거 아직 안 했지?"라며 몇 번이고 확인하는 것도 그들을 못 견디게 만드는 일 중 하나라고 한다. 그 말 속에는 남편의 능력에 대한 부정적인 편견이 깃들어 있기 때문이다. 혹시 당신은 이 내용을 보며 가슴 한구석에 가책을 느끼지는 않는가.

상대를 존중한다는 것은 어떤 의미일까. 상대의 모든 것을 무조건 칭찬해주면 되는 것일까. 인간중심상담의 창시자인 미국의 심리학자 칼 로저스는 '무조건적 존중unconditional regard'이라는 개념을 주장했다. 무조건적 존중이란 상대가 어떤 생각을 갖고 어떤 감정을 느끼든, 혹은 어떤 행동을 하든 관계없이 내 시선으로 판단하거나 평가하지 않고 있는 그대로 받아들임으로써 상대를 하나의 존엄한 인간 존재 그 자체로 대하는 긍정적인 태도이다. 이러한 개념이야말로 다름을 인정하고 수용하며 오래도록 함께 살아가야 할 부부 사이의 존중에 적합한 정의일 것이다.

그런 개념을 기초로 결혼 생활 중 배우자를 존중하는 방법은 두 가지로 요약할 수 있다. 하나는 진정으로 상대를 존중하는 마음을 갖는 것, 또 다른 하나는 그런 마음이 상대에게 전달될 수 있도록 평소 행동으로 보여주는 것이다. 부부 간에는 말로 하지 않아도 이심전심 통하는 게 있다. 그러나 아무리 두 사람이 심리적으로 끈끈하게 결합되어 있다 해도 본래는 각각의 개체인 만큼 말과 행동으로 보여주지 않으면 전달되기 어려운 마음도 있다. 존중을 행동으로 보여주는 실천 방법은 다음 파트에서 자세히 다루겠다.

싸우지 말고 소통하라

사람과 사람이 만나면 아무리 좋은 사이라고 해도 갈등이 생긴다. 서로가 다른 삶을 살아왔고 다른 생각, 다른 개성을 지녔으니 너무나도 당연한 일이다. 하루 이틀도 아니고 일 년 열두 달, 365일을 함께 붙어 살아가는 부부의 경우는 더 말할 나위가 없을 것이다.

갈등은 제때 해소되지 못하면 또 다른 갈등이 겹치면서 심리적 스트레스와 함께 점차 누적되는 경향이 있다. 그러다 포화 지점에 이르면 폭발하고 만다. 부부간에도 소소한 갈등이 쌓이고 쌓이다가 마침

내 각자의 감정이 분출되면 부부싸움이 일어난다. 그런 이유로 부부싸움은 특정한 사건이 계기가 되곤 하지만, 그 내면을 들여다보면 반드시 그 일 때문만은 아닐 경우가 많다.

부부싸움을 줄일 수 있는 가장 좋은 방법은 소통이다. 갈등이 축적되기 전 적절한 소통을 통해 상대에게 각자의 불만이 무엇인지 알리고 공감과 이해를 구해야 한다. 제대로 된 소통을 하기 위해서는 우선 마음의 벽을 허물어 서로에게 다가갈 자세를 가다듬어야 한다. 감정을 교류하는 습관을 기르고 공감 능력을 키우는 것은 소통을 위한 정서적 기초가 된다. 대화를 나눌 때도 합리적인 규칙을 정하고 그에 어긋나지 않게 노력하는 자세가 도움이 된다. 그런 의미에서 서로 소통하기 위한 방법을 꼽아본다면 마음의 벽 허물기, 감정의 교류, 공감 능력 키우기, 올바른 대화 등 모두 네 가지로 정리할 수 있다. 각각의 방법에 대해 자세히 알아보자.

마음의 벽 허물기

배우자와 소통을 원할 때 가장 먼저 준비되어야 할 것은 열린 마음이다. 세상과 상대에 대한 편견, 본인의 의견만을 고수하고자 하는 아집, 상대에게 해를 입을까 봐 몸을 사리는 방어적 배타성과 경계심을 내려놓지 않고서는 배우자와 진정으로 소통하기 어렵다. 당신을 가두고 있는 마음의 굳건한 벽을 허물라. 그래야 상대가 비로소 당신의 참

모습과 만날 수 있다.

감정의 교류

사람 사이를 가까워지게 하는 건 이성적이고 논리적인 설득 같은 게 아니다. 감정과 감정이 만날 때 우리는 상대도 나처럼 감정이 있고 정이 넘치는 사람임을 느낀다. 세상사에 상처받고 작은 일에도 행복감을 느끼는 소박하고 인간적인 내면이 그 사람 안에도 자리하고 있다는 사실에서 당신은 상대에게 다가갈 수 있는 여지를 발견한다.

비즈니스 거래나 협업을 해나가다가도 서로의 입장이 첨예하게 부딪히며 한 치의 양보도 불가능할 때가 있다. 그럴 때 가장 필요한 것은 각자의 생각을 털어놓고 접점이 있는지를 찾아보는 일이다. 제삼자의 중재로 일이 해결될 때도 있지만 그보다는 이쪽에서 먼저 손을 내밀어 식사자리든 술자리든 기회를 마련하는 게 좋다. 마음을 느슨하게 풀어놓고 인간적인 사정 이야기를 나누다 보면 약간의 손해를 감수하고라도 상대에게 양보하고 싶은 마음이 들게 된다. 서로 조금씩 손해 보겠다는 마음, 그것이야말로 바람직한 타협의 지름길이다.

배우자가 일상에서 느끼는 슬프고 우울하고 고통스럽고 기쁜 감정에 대해 먼저 들어주자. 자신도 그와 같은 감정을 상대에게 솔직히 토로해보자. 우리 사회에서는 남자들에게 감정을 숨기는 포커페이스를 요구해왔기 때문에 보통은 아내들이 일방적으로 쏟아내는 경우가 많다. 그러나 남편도 분명 감정이 있는 사람이다. 그들이 감정을 표현할 수 있도록 유도하거나 자리를 마련하라. 상대를 믿고 속내를 털어놓는 감정의 교류는 마음의 소통과 직결된다.

공감 능력 키우기

공감이란 상대의 입장에서 세상을 바라보고, 그의 생각이나 감정, 느낌 등에 자신의 감정을 이입하여 이해하는 과정이다. 각각의 이기적 개체인 인간이 서로 어울리고 힘을 합해 살아갈 수 있도록 만들어주는 구원 같은 요소이기도 하다. 완벽한 공감을 이루려면 진지하게 상대에게 집중하고 몰입해야 한다. 그래야 그 사람의 처지와 마음을 진정으로 이해할 수 있다. 공감 능력을 키우기 위해서는 상대의 말을 경청하고 의견과 느낌을 존중하며 표현할 수 있도록 배려하는 자세를 갖기 위해 노력해야 한다.

올바른 대화

평소에도 자잘한 대화를 나누는 것은 소통을 위한 좋은 방법이다. 말뿐 아니라 메시지로도 일상적인 대화가 필요하다. 낮에 겪은 재미있는 일이나 산책길에 마주친 계절 변화의 흔적 같은 것을 배우자에게 문자나 사진으로 전해보라. SNS에서 발견한 신기한 동영상을 공유하라. 그런 식의 작은 시도가 부부 사이의 대화 분위기를 형성하는 데 도움이 된다. 대화가 많은 부부는 그렇지 않은 부부에 비해 트러블이

적은 법이다. 그만큼 자기 의견을 이야기할 기회가 많으니 갈등 요소
도 자연스럽게 해결된다.

상대의 실수를
비난하지 마라

타인의 실수나 잘못에 대한 사람들의 가장 흔한 대처는 그로 인해 입은 피해를 떠올리며 화를 내거나 상대방을 비난하는 일일 것이다. 마치 상대가 잘못하기를 기다리기라도 한 듯 즉각적으로 감정 섞인 독설을 퍼붓기도 한다. 사람들에게는 본인의 실수나 잘못에는 관대한 반면 타인에 대해서는 결코 용납하지 않는 습성이 있다.

부부사이에도 상대의 실수에 유난히 민감한 반응을 보이는 사람들이 있다. 가령 아내가 실수로 차에 휴대폰을 두고 내리자, "뭐? 이게 도대체 몇 번째야. 당신 치매 오는 거 아냐?"라며 혀를 차는 남편이 있는가 하면, 설거지를 도와주던 남편이 그릇을 깨자 바로 달려가, "어이구, 뭘 해도 꼭 티를 내요. 집안에 남아나는 그릇이 없네."라며 빈정거리는 아내도 있다.

아내가 휴대폰을 두고 내린 건 본인이 불편할 따름이지 남편 자신에게 해가 갈 일도 아니다. 그런데도 반복되는 아내의 실수를 걱정해주기보다 우선 핀잔부터 하고 본다. 남편이 설거지를 도와준 것도 분명 호의였을 것이다. 아내는 그런 사정을 감안하거나, 기껏 도와준다고 해놓고 실수를 저질러 무안한 남편의 심정에 대한 배려가 없다. 오로지 깨진 그릇이 아까워 비난에만 열중한다.

더 심각한 것은 상대가 저지른 실수나 잘못을 두고 그 사람의 인격전체를 부정하는 반응을 보이는 경우이다. 다음의 대화들은 상대의 일회성 실수와 잘못에 대해 그 일과 관련된 그 사람의 능력, 혹은 자아상과 연결 지어 질책하거나 부정적인 평가를 내리는 예이다.

"또 박았어? 그러려면 차라리 운전면허를 반납해라 인간아. 왜 사니. 아니 돈을 잘 벌길 해, 애비 노릇을 잘하길 해. 평생 뭐 하나 제대로 하는 게 없네."

"쯧쯧 다 태워먹었네. 아 비켜봐, 비켜봐. 차라리 내가 할게. 당신
은 솔직히 요리엔 아주 젬병이라니까."

"주식은 아무나 해? 그거 다 머리 특출 나게 좋고 세상 돌아가는 거
빤한 똑똑한 사람들이 하는 거라니까. 이렇게 잃는 거 보면 당신은 벌
써 틀린 거야. 담부턴 관둬."

"어떻게 한 번도 아니고 두 번이나 사기를 당하니? 물건 하나를
살 때도 생각이란 걸 하고 사봐 좀. 이러니까 애도 맨날 엄마를 무시
하지."

인간은 어떤 실수를 저질렀을 때, 그것이 단발성이라고 느껴지면
스스로의 오류를 반성하고 가볍게 털어낼 수 있다고 한다. 다음부턴
똑같은 일을 반복하지 않으면 해결되는 일이기 때문이다. 그러나 그
실수가 본인의 능력이라든지 역할 자체를 부정하는 쪽으로 규정지어
지면 좀 더 심각한 내상을 입는다. 그리고 그 반작용으로 스스로의 자
아나 정체성을 지키기 위해 남의 탓을 하거나 자신의 잘못을 인정하
지 않는 방향으로 가게 될 수도 있다.

사람은 누구나 실수를 하거나 잘못을 저지른다. 그러나 그것을 어
떻게 대하느냐에 따라 독이 되기도 하고 약이 되기도 한다. 생각해보

면 비난과 질책은 넓은 시야로 사안을 바라보고 바람직하게 해결하고
자 하는 의지가 깃든 행동은 아니다. 감정적인 화풀이일 뿐이다. 일은
이미 벌어졌고 우리 앞에는 그 일을 해결해야 할 과제만 남아있다.

그래서 나는 직원들이 잘못을 하거나 실수를 저지르면 한 번도 그
에 대해 깊이 추궁해 본 적이 없다. 비즈니스에서는 효율화를 통해 불
필요한 과정을 과감하게 없앨 줄 알아야 한다. 보다 중요한 것은 다시
실수를 반복하지 않는 것이지 벌어진 일에 대한 분노가 아니다. 비난
과 질책을 배제하고 실수를 되짚어 반성한 후 그 안에서 교훈을 얻어
앞으로 나아가는 디딤돌로 삼는 것이 효율적이다.

폭넓은 관용으로 상대를 감싸주고 비난보다 해결책에 집중하는 것
은 실수를 저지른 당사자를 더욱 분발하게 하는 심기일전의 계기를
마련해주기도 한다. 나는 여자치고 운전을 좀 막 하는 편이다. 하도
바퀴를 긁어먹어서 고친 차를 받자마자 그날로 또 다른 쪽 바퀴를 긁
은 적이 있다. 남편에게 어찌나 미안한지 말도 못하고 있다가 간신히
"나 또 긁었어."라고 말했다. 그런데 엄청 뭐라 할 줄 알았던 남편의
반응은 의외였다.

"으이구 벌써 박시연 차라고 영역 표시했어? 괜찮아. 나중에 한 번
에 고치자."

순간 아무 일 아닌 듯 오히려 나를 다독여주는 남편이 너무나 고마웠고 내심 더욱 더 미안한 생각이 들었다.

'견지망월見指忘月'이라는 말이 있다. 달을 바라보아야 하는데 그걸 가리키는 손가락만 보느라 정작 달 보는 걸 잊는다는 뜻이다. 본래의 목적은 어디론가 실종되고 지엽적인 것에만 매달릴 때 쓰이곤 한다. 상대의 잘못을 지적하고 비난하는 건 불필요한 감정에 집착하느라 그 상황을 극복하고 한 걸음 더 나아져야 하는 본래의 목적을 잃게 되는 일이다. 배우자의 실수를 앞에 마주한 당신에게 가장 필요한 것은 우선 상대를 너그럽게 용서하는 일이다. 남편의 실수는 이미 벌어진 일이다. 당신이 분노하고 좌절하고 힘들어하거나 바가지를 긁는다고 달라질 건 하나도 없다. 상대의 실수에 대해 관대해져라. 대담하게 용서해주고 상대가 다시는 같은 일을 반복하지 않게끔 적절한 반성과 노력을 기울이도록 도와줘라.

화가 날 때는
잠시 멈춰라

부부의 갈등을 극단으로 몰고 가는 것은 '화'라는 감정이다. 그런 감정이 한자로 '불'을 뜻하는 '火'인 것은 상당히 의미심장하다. 불은 일단 점화되면 모든 것을 활활 태워버릴 때까지 멈추지 않는다. 당신도 분명 속에서 화가 치밀기 시작하면 그 화에 자신의 온몸과 마음을 내맡기게 될 것이다. 화를 참으라고 말하긴 쉽지만 실제로 화가 나면 눈에 뵈는 게 없어지기 때문에 스스로의 이성으로 제어하기는 그리 간단치 않다.

많은 부부가 화로 인해 관계가 악화되고 심하면 이혼에까지 이르게 된다. 결혼 생활의 제일 큰 적은 어쩌면 서로의 내면에 불씨로 잠재하고 있는 화라는 감정일지도 모르겠다. 화를 적절히 통제할 수 있다면 부부간의 갈등을 푸는 좋은 방법인 대화도 순조롭게 이루어지고 결혼 생활도 비교적 순탄하게 지속할 수 있을 것이다.

화는 어떻게 제어할 수 있을까. 화가 날 때는 무조건 그 화를 꾹 참는 방법밖에 없는 것일까. 불이란 것이 생성되고 소멸되는 이치를 잘 살펴보면 그 해법을 알 수 있다. 불이 시작되는 것은 인력으로 막기 힘들다. 어느 동네, 어느 야산에서 불이 일지는 누구도 예측하지 못한다. 사람의 마음에 화가 깃드는 것도 항상 불시에 벌어진다. 그러니 불을 막기보다는 불이 발생했을 때의 적절한 진화 방법을 찾아보는 편이 보다 현명할 것이다.

불을 끄는 가장 효과적인 방법은 온도를 내리거나 산소를 차단하는 것이다. 두 가지 기능을 모두 갖고 있는 소화기 속의 화학약제를 뿌리는 게 최선이다. 작은 불이라면 물을 끼얹든 담요로 덮으면 된다. 만약 불 속에 아무 생각 없이 잘 타는 물질을 투척한다면 불이 꺼지기는 커녕 그것을 연료 삼아 더욱 활활 타오르게 될 것이다. 그런데 우리는 화가 나면 평소 내면에 쌓아두었던 이 생각 저 생각을 끄집어내어 오히려 화를 키운다. 나중에 결정해도 되는 사안들까지 가져와 화의 제

물로 던지고 일이 엉망진창이 되도록 만들기도 한다.

여기서 당신은 문득 화를 그치게 하는 방법을 깨달았을지도 모르겠다. 그렇다. 당신이 생각한 것이 아마도 맞을 것이다. 화가 나면 화를 없애는 가장 좋은 방법은 우선 자기 자신의 생각이나 행동을 멈추는 것이다. 화를 억지로 누르기보다 화가 계속 타오르도록 만드는 연료를 던져주지 않으면 된다. 그 다음은 자신을 그 불 속에서 건져내야 한다. 불이든 물이든 그 안에 빠져있는 사람은 헤어나기 쉽지 않다. 그러나 거기서 빠져나오는 순간 그 불은 마치 남의 일처럼 먼 사건이 되어버린다.

'벽에 붙은 파리 효과'라는 심리학 용어가 있다. 미국의 심리학자들은 실험에 참여한 사람들을 대상으로 그들이 과거에 겪었던 실패나 고통의 경험을 각각 두 가지 관점에서 다시 기억해보게 했다. 첫 번째 방법은 1인칭 시각으로 본인이 직접 겪은 그대로 떠올리게 하는 것이다. 두 번째 방법은 3인칭의 시각으로 제삼자의 입장이 되어 같은 일을 바라보도록 만드는 것이다. 그 결과 실험대상자들 중 첫 번째 방법에 참가한 경우는 현재에도 과거와 똑같은 고통을 느꼈다. 반면 두 번째 경우에서는 남의 일을 바라보듯 편안한 마음이었다고 한다. 그 상황이 마치 벽에 붙은 파리가 괴로워하는 사람을 무심히 바라보는 것과 비슷하다는 점에 착안하여 그런 이름을 붙이게 된 것이다. 제삼자인 파리는 그저 바라만 볼 뿐 사람의 고통 따위는 느낄 수 없기 때문이다.

불교에서도 같은 내용을 가르치고 있다. 마음속에 화와 같은 혼란한 감정이 일어날 때면 우선 생각을 멈추고 자기 자신을 객관화 하라고 말한다. 감정의 소용돌이에 빠져있는 자신을 그 물결에 그대로 맡겨두지 않고 한 발걸음 뒤로 물러나 바라보는 것이다. 사람은 화가 나다가도 자신을 제삼자적 위치에서 객관적으로 바라보는 순간 그 감정의 도가니에서 벗어날 수 있다.

화가 날 때면 당신도 배우자에게 상처 주는 말을 하거나 함부로 결단을 내리지 말고 일단 말과 행동을 멈추어 보라. 그리고 깊게 심호흡을 몇 차례 한 다음 스스로의 상태를 물끄러미 바라보라. 대부분의 다툼이 생각보다 별 게 아닌 사안임을 깨닫게 될 것이다.

서로의 역할에 대한
편견을 디자인하라

때로는 당신의 뇌리에 뿌리 깊게 박힌 편견이 성공적인 결혼 생활에 걸림돌이 되기도 한다. 그 전형적인 예가 부부의 역할에 대한 고정관념이다.

"우리 남편은 왜 다른 남자들처럼 나가서 돈을 벌지 않을까."

"집사람은 통 살림을 안 해요."

이런 생각은 자신과 타인의 결혼 생활을 비교하는 데서 비롯된다. 사람들의 인생이 모두 제각각이듯 각 가정도 자기들 나름의 사정과 살아가는 방식이 있다. 인생과 마찬가지로 그중 어떤 특정한 형태의 가정을 모범적인 케이스라 할 수는 없다. 나는 가정 안에서 남자가 해야 될 일, 여자가 해야 될 일은 따로 없다고 생각한다. 각자 자기가 잘할 수 있는 영역에서 능력을 발휘하면 된다. 또한 부부 둘 중 누구라도 서로의 의견을 잘 조율하고 가정을 현명하게 이끌어갈 수 있는 사람이 리더가 되는 게 바람직하다. '권력'이란 표현은 어딘가 '힘의 우위'를 연상케 해서 적절하진 않지만 흔히 말하는 부부 사이의 권력은 차지하는 게 아니라 양보하는 것이라고 보기 때문이다. 나보다 가정을 더 잘 이끌어갈 능력이 있는 상대를 존경하고 그가 제대로 리드할 수 있도록 기꺼이 양보하며 조력하는 게 이상적인 파트너의 자세일 것이다.

우리 부부는 아이가 태어난 이후 서로 합의하에 내가 사업에 전념하고 남편이 육아를 담당하기로 역할 분담을 했다. 그렇게 된 직접적인 계기는 나의 산후 우울증 때문이었다. 아이를 낳은 후 자유분방하던 우리 부부의 삶은 전혀 예상치 못한 어려움에 빠졌다. 일 때문에 시간이 없던 나는 산후조리원에도 일주일밖에 못 있었다. 가슴이 불어 숍에 와서 모유를 짜버리기까지 하며 사업을 살펴야 했다. 실은 첫 아이를 갖기 전 손에서 일을 못 놓아 유산을 한 경험도 있다. 무리해

하혈이 시작되었고 안정이 필요했지만 병원에 가만히 누워있을 수가 없어 입원과 퇴원을 반복했다. 그 끝에 결국 유산이 된 것이다.

재미있게 살던 남편과 나는 아이를 돌보느라 둘이 밥도 같이 앉아 먹을 수가 없었다. 아이가 울면 한 명이 업고 달래야 했고 자다가도 일어나 아이를 보살펴야 했다. 지금도 나는 세상에서 제일 힘든 게 육아라고 생각한다. 게다가 당시 남편은 이자카야를 운영했다. 남편이 밤늦게까지 일을 하면 나는 아이를 업고 고모님 댁에 가서도 자고 오빠 집에 가서 자기도 했다. 그야말로 사는 게 사는 게 아니었다. 결국은 삶에 대한 회의와 함께 산후우울증이 찾아왔다. 그건 내가 그렸던 이상적인 가정이 아니란 생각이 들었다. 내게는 결혼 생활에서 육아가 그 무엇보다 중요했다. 앞에 적었듯 독신주의에 가깝던 내가 결혼을 결심한 이유도 남편이 내가 이루고 싶은 가정에 딱 맞는 기본이 된 사람이었기 때문이다. 부모의 이혼으로 인한 아픈 가정사를 겪었던 나로서는 내 아이에게 어떡하든 이혼하지 않고 남편과 함께 평생 잘 살아가는 가정을 만들어주고 싶었다. 그게 내 인생의 가장 큰 꿈이기도 했다. 그러나 그런 식이라면 아이를 제대로 키우기 힘들 게 뻔했다. 나는 대담하게 결정을 내리기로 했다.

"우리 둘 중 한 명이 사업을 접어야겠어. 이것도 아니고 저것도 아니고 가정생활도 일도 둘 다 제대로 못하는 상태이니 이러다가는 진짜 위기가 올 거 같아."

나의 제안에 남편은 자신이 사업을 접겠다고 했다. 자신보다 내가 더 사업에 적합한 사람이라는 게 남편의 의견이었다. 남편은 그런 결정에 따라 매달 고정 수입을 받는 조건으로 운영하던 이자카야를 다른 사람에게 맡기고 육아를 담당하기로 했다.

가끔은 우리 엄마나 친정 가족들이 "그래도 남자가 밖에 일을 해야 되지 않겠냐."라는 말을 한다. 하지만 나는 그것 또한 엄마 아빠가 자식한테 줄 수 있는 최고의 배려라 생각한다. 다른 사람이 보는 것과 아빠가 돌보는 것은 분명히 다를 것이다. 처음에는 고모님이 오셔서 아이를 보살펴 주셨지만 남편이 집에서 육아를 전담하게 되자 내 마음 자체도 차이가 있었다. 훨씬 편안하고 안정된 마음으로 일에 전념할 수 있었다.

그런 전후 사정을 모르는 누군가는 현재의 모습만 보고 혹 남편이 나의 경제력을 보고 결혼한 게 아니냐고 생각할 수 있을 것이다. 그러나 남편은 나와 처음 만날 때 내가 운영하는 사업장의 대표라는 사실조차 몰랐다. 그곳에 근무하는 직원이라고만 생각했고 나중에서야 대표라는 것을 알게 되었다.

더욱이 그때는 내가 사업을 하면서 가장 큰 어려움을 겪던 시절이었다. 한 직원과의 잘못된 만남이 가져온 위기였다. 사업장이 여러 개가 되자 나는 한 사업장을 그 직원에게 전적으로 맡겼었다. 하지만 그 직원은 자기 마음대로 사업장을 운영하며 고객들에 대해 배타적인 방식을 취했다. 그러다 보니 주변에 안 좋은 소문이 퍼지기 시작했고 그 비난은 고스란히 대표로서 사업장의 모든 것에 책임이 있는 내 몫으로 돌아왔다.

어쩔 수 없이 나는 그 직원을 내보낼 수밖에 없었다. 그러자 앙심을 품은 그는 남은 직원들을 다 데리고 나가며 계약했던 손님들에게도 환불을 유도했다. 심지어 노동부에 신고까지 했다. 그로 인해 나는 크나큰 심적, 경제적 타격을 입어야 했다. 무엇보다 내 수족처럼 믿었던 직원에게 배신당한 심정은 말로 표현할 수가 없었다. 서툴고 경험이 부족한 어리석은 오너가 당연히 받아야 할 고통이었는지도 모르겠다.

사람은 어려울 때를 닥쳐봐야 그의 진가를 알 수 있다고 한다. 당시 애인이던 남편은 그런 내게 여러 모로 도움을 주었다. 내가 어려움을 겪는 순간에도 줄곧 내 옆에 있었고 기꺼이 손을 내밀어주었다. 총체적인 난국과도 같은 사업상의 난관을 헤쳐 나갈 수 있도록 그 누구보다 큰 힘이 되어 주었다. 남편이 없었다면 나는 아마도 그 위기에서 벗어나기 힘들었을 것이다. 그 시절 남편의 진정한 본 모습을 볼 수 있었기에 현재도 그리고 앞으로도 나는 변함없이 남편과의 의리를 지켜갈 것이다.

지금 돌이켜보면 그 시절 겪었던 그 모든 일들은 내가 더 굳세고 더 강하게 성장할 수 있는 좋은 경험이며 기회가 되었다. 그래서 이제는 그 직원을 오히려 고맙게 생각한다. 그때 그 사람이 내게 그런 고통의 경험을 안겨주지 않았더라면 나는 아마 아직도 누군가에게 의존하며 허울 좋은 사장 놀이를 하고 있을 것이다.

그런 사연뿐 아니라 오늘날의 내 성취는 남편의 도움이 없었으면 불가능했을 것이다. 늘 나를 격려해주고 믿어주었으며 내 결정을 지지해주었기에 지금의 내가 스스로 성공이라 부르는 위치에까지 올 수 있었다. 또한 내가 가장 하기 힘든 아이 키우는 일을 전담해줌으로써 일에 전념할 수 있게 해주었다. 남편은 내 성공의 이유 중 하나였고 성공을 이룰 수 있게 도와준 실질적인 조력자였다.

한편으론 남편에게 미안한 감도 있다. 남편은 나를 만나지 않았다면 사업적 성공과 함께 자신의 능력을 사회 속에서 충분히 실현했을 사람이다. "하린이 아빠는 내가 아닌 다른 여자와 결혼했다면 그 사람한테 돈 많이 벌어다주는 능력 있는 남편이 됐을 거야."라고 가끔 우리 엄마한테 말하기도 한다. 처음에 내가 남편이 마음에 들었던 이유 중 하나도 자신이 모든 것을 리드하던 모습이다. 사업을 하는 여자 친구라고 해서 절대 내게 의존하는 법이 없었다. 지금도 그렇지만 어디 가든 본인이 항상 먼저 계산을 했다. 그래서 나는 종종 남편이 돈 많은 남자인 줄 알았다고 장난으로 말하곤 한다. 당시 남편은 자신의 꿈에 대해 말하며, "난 내 와이프를 사모님 소리 듣게 해주고 싶어." 라고 했던 기억이 난다. 사업을 시작했을 때 첫 수입으로 내게 근사한 명품 백을 사준 일도 잊을 수 없다. 그럼에도 불구하고 자신의 사업을 접은 이유는 "사업하는 기질에서는 당신이 더 현명하고 나보다 성공할 수 있다고 생각했어."라고 한다.

겉으로는 내가 우리 가정을 리드하는 것처럼 보이지만 막후 실력자는 남편이 아닐까 싶다. 집안의 경제권이나 운영도 남편이 나를 믿고 맡기는 편이긴 하나 중요한 결정과 판단은 절대적으로 내가 남편의 의견을 듣는 쪽이기 때문이다. 남편에게는 나를 움직이는 보이지 않는 힘이 있고 소리 없는 양보로 나를 리드한다. 비즈니스에 있어서도 남편은 중요한 결정이 필요한 순간 내가 올바른 판단을 내릴 수 있도록 균형을 잡아주는 지혜로운 조언자이다.

만약 당신이 다른 가정과는 다른 부부 간 역할로 인해 갈등에 빠진 경우라면 결혼 생활의 성공을 위해 당신의 편견을 새롭게 디자인해야 한다. 다시 한 번 강조하지만 부부 사이에 남자가 할 일 여자가 할 일이 따로 있는 건 아니다. 서로가 잘 할 수 있는 영역을 분담하여 맡고 상대가 잘해낼 수 있게 진심으로 응원해주면 된다.

일상과 취향의
공감대를 형성하라

성공적인 결혼의 모습 중 하나는 부부가 삶의 동반자가 되어 오래 도록 함께하는 것이다. 신혼 초 서로에게만 집중하던 부부는 함께 사는 세월이 길어질수록 상대를 향했던 시선을 돌려 삶의 다른 문제들로 관심사가 옮아간다. 그러다 다른 사람이 눈에 들어오기도 하고 배우자의 외도로 번지며 결혼 생활이 큰 위기를 맞는 경우도 있다.

당신이 그런 위기를 헤치고 배우자와 한평생을 함께할 수 있는 특급 비즈니스 전략은 무엇일까. 나는 '동지로서의 의리'에 그 해답이 있다고 생각한다. 평생을 함께하는 인생의 친구이자 결혼 비즈니스의 베스트 파트너로서 그 무엇보다 끈끈한 동지애를 쌓는 일이야말로 오래도록 함께 동반할 수 있는 비결이다. 남녀 사이의 사랑과 동지의 의리가 결합된 부부 관계는 그 어떤 시련에도 흔들리지 않는 강력한 유대관계를 형성할 것이다.

동지애란 삶의 희로애락을 함께 겪을 때 생겨난다. 서로 돕고 격려하며 어려움을 헤쳐 나간 기억은 두고두고 같이 음미할 수 있는 따뜻한 추억과 마음 깊은 곳의 용기로 남는다. 만약 당신 부부가 서로 아무런 공통분모 없이 각자 다른 일에 몰두하며 남남처럼 살고 있다면 더더욱 일상의 최대한 많은 것을 공유하려 노력해야 한다. 아이의 올바른 성장에 대해 이야기하고, 직장에서 겪는 고충을 토로하며, 힐링을 위한 적절한 방법을 논의하는 게 좋다. 앞에서 다룬 올바른 대화를 통한 소통은 부부가 일상을 고스란히 공유할 수 있는 최적의 길이다.

같은 취미를 갖는 것도 좋은 방법 중 하나이다. 작년 말 한 일간지에서 취미가 같은 부부 이야기를 기획 기사로 실은 적이 있다. 기사 속 부부는 캠핑을 하며 자연을 함께 느끼는 과정에서 서로의 진솔한 내면과 만나고 상대에 대한 신뢰감이 깊어진다고 했다. 꽃꽂이를 하는 또 다른 부부에게 집안일 이야기는 서로의 역할 분담에 대해 갈등이 일어나기 쉽지만 꽃꽂이 이야기는 부부 모두에게 행복감을 주는 대화의 소재라고 한다. 같은 취미로 인해 서로에 대한 이해가 더 깊어졌다고도 했다.

취미란 인간이 누릴 수 있는 경험 중 가장 높은 지점에 자리한 것이다. 먹고사는 일의 고달픔이나 스트레스를 유발하는 치열한 생존경쟁 등과는 완전히 동떨어져 있으면서 성취감과 만족감, 유유자적한 즐거움이 그 안에 내포되어 있다. 몸을 힘들게 하는 고생이 뒤따른다고 해도 즐겨 그것을 감내하게 된다. 어차피 한 번뿐인 인생이라면 주어진 시간을 그처럼 가치 있는 경험들로 채우는 게 낫지 않겠는가. 그리고 그런 소중하고 아름다운 경험을 이 세상에서 가장 가까운 삶의 동지인 배우자와 함께 누린다는 것은 결혼이 주는 또 하나의 축복이다.

미술계에는 '보겔 컬렉션'이란 용어가 있다. 최근 매스컴을 떠들썩하게 만들었던 이건희 컬렉션이 삼성 이건희 전 회장이 수집한 미술품을 의미하는 것처럼 보겔 컬렉션이란 보겔 부부가 평생 사 모은 미술품을 말한다. 메구미 사사키 감독이 만든 다큐 영화 〈허브 앤 도로시Herb & Dorothy〉는 두 사람의 미술품 수집기를 다루고 있다. 허버트 보겔과 도로시 보겔 부부는 결혼 생활 중 무려 5천 점에 육박하는 미술품을 수집했다. 이들의 컬렉팅 취미는 신혼여행을 워싱턴의 한 미술관으로 가면서부터 50년간이나 이어졌다. 그렇게 탄생한 것이 바로 보겔 컬렉션이다.

그들은 일반적인 컬렉터들과 달리 재력가가 아닌 평범한 뉴욕 시민이었다. 남편 허버트 보겔은 우체국에서 우편물 분류하는 일을 했고 아내는 도서관 사서로 근무했다. 부부는 둘이 버는 것을 합해도 한 사람이 버는 것과 다를 바 없는 박봉이었지만 돈이 생기면 무조건 그림을 샀다. 하지만 돈이 별로 없어 그리 유명하지 않은 그림밖에 살 수 없었다. 그림을 옮길 때도 지하철 같은 대중교통수단을 이용해야 했으므로 큰 것은 엄두도 낼 수 없었다. 그런 제약 하에서도 그들은 아직 두각을 드러내지 못한 가난한 작가들의 그림을 사주고 그들에게 용기와 희망을 심어주었다. 그런 작가들 중 성공한 이도 있어 부부가 소장한 그림들은 후일 큰 폭으로 값이 올랐다.

방이 하나밖에 없는 임대아파트에 살았던 그들은 그림들을 방 곳곳에 쌓아두어야 했다. 그러다 더 이상은 놓을 곳이 없어지자 부부는 그림을 팔아 돈을 버는 대신 신혼여행을 갔던 미술관을 비롯한 전국의 미술관에 기증하기로 결정한다.

같은 취향을 가진 것이 인생의 동반을 강화하고 결혼을 성공으로 이끄는 한 방법이 될 수 있음을 보여주는 좋은 실례이다. 특히나 한평생 이혼하지 않고 같이 살 남자를 배우자의 일등 조건으로 생각했던 내게 허버트 보겔과 도로시 보겔 부부 이야기는 성공한 결혼의 한 전형처럼 다가왔다. 아이도 안정된 집도 없었던 두 사람의 관계를 평생

토록 확고하게 이어준 매개체는 바로 '그림 컬렉션'이라는 공통의 취미였다. 큰돈을 벌 수 있었음에도 그림들을 팔지 않은 이유는 아마도 컬렉션을 모은 세월 동안 부부가 함께 누린 기쁨만으로 이미 충분하다고 생각했기 때문은 아닐까.

여행이든 라이딩이든, 영화감상이든 혹은 라틴댄스든 부부가 손잡고 다니며 같이 참여할 수 있는 취미를 찾아보라. 둘이 함께 거기 몰두하며 결혼의 파트너요 동지라는 유대감을 쌓으라. 당신이 예상하는 것보다 훨씬 큰 만족감이 당신 부부를 기다리고 있을 것이다.

사랑이라는 이름으로
구속하지 마라

연인 사이거나 부부 사이에서는 사랑한다는 미명하에 상대를 구속하려는 경향이 있다. 자신이 해야 할 일은 완벽하게 해내는 대신 당당하게 권리를 주장하고, 무슨 행동이든 합리적인 선택을 한다는 이미지가 강한 요즘 MZ세대는 좀 다를 줄 알았다. 그런데 주변을 보면 신기하게도 사랑에 관해서만은 기성세대와 마찬가지 양상이 지속되는 것 같다.

간혹 아끼는 동생들과 한잔하는 날은 아직 미혼인 그들이 결혼한 나보다도 더 자기 파트너에게 얽매인 인상을 줄 때가 있다. "언니 영상통화 좀 부탁드려요."라며 남자친구를 바꿔주는 경우가 있기 때문이다. 굳이 나와 통화를 하게 만드는 이유는 밤늦은 시간 부적절한 장소에 가 있거나 다른 남자를 만나지 않는다는 사실을 남친에게 직접 확인시켜주기 위해서이다. 그럴 때면 마치 무슨 큰 잘못이라도 저질러서 알리바이를 입증해야 하는 것처럼 뵈는 그들의 행동에 살짝 어이가 없어진다. 그래서 우스갯소리처럼 한마디쯤 하게 된다.

"너희들 왜 이러고 사니? 그 젊은 나이에 무엇 때문에 남자친구한테 이렇게 구속을 받아. 그냥 놀러 왔다고 말해. 그렇게 못 믿는데 서로 왜 만나니?"

사랑에 빠졌다고 해서 상대가 자신에게 속박되기를 원하는 이유는 상대를 소유했다고 착각하기 때문이다. 상대의 모든 것을 가지려 애쓰는 건 결코 사랑이 아니다. 집착일 뿐이다. 진정한 사랑이라면 오히려 상대가 자기 자신의 삶을 마음껏 누릴 수 있게 도와야 한다. 상대를 있는 그대로 자유롭게 해방시켜주어야 한다.

비즈니스에서도 거래를 성사시키는 가장 바람직한 길은 상대의 자유의지를 존중하는 것이다. 상대가 아무리 탐나는 조건을 갖추고 있다 해도 이쪽에서 붙잡아 두기 위해 안달할수록 그는 더 멀리 달아나게 된다. 우선 상대를 철저히 사전 분석하고 무엇을 원하는지 간파한 다음, 그가 스스로 선택할 수밖에 없을 만큼 매력적인 조건을 제시해야 한다. 그리고 그 나머지는 시간에 맡기면 된다. 상대가 내게 반드시 필요한 사람일수록 마음을 비우고 안 돼도 그만이라는 마음가짐으로 통 크게 베팅해야 한다.

결혼 생활에서 배우자를 대하는 방식도 다르지 않다. 배우자의 선택을 제약하고 감시하며 이쪽의 뜻대로 묶어 놓으려 한다면 오히려 상대는 숨어서라도 자유를 갈구할 것이다. 인간이란 본래 다른 사람의 뜻대로 살아지는 존재가 아니기 때문이다. 게다가 금지된 것에 대한 욕망은 그 어떤 유혹보다 강렬한 법이다. 평범한 것도 하지 못하게 해서 더 끌리는 경우가 많다. 자유롭게 풀어 놓으면 시시하게 느껴지기 십상이다.

나는 내 결혼의 파트너인 남편이 수많은 다른 파트너들의 유혹에 넘어가지 않고 결혼이라는 나와의 비즈니스 계약에 성실히 임하며 장기적인 동업 관계를 이어갈 수 있도록 나만의 전략을 모색했다. 그중 가장 중요하게 생각했던 게 바로 '자유'이다. 결혼을 좀 더 포괄적인 의미에서 해석하여 서로의 사생활을 존중하고 간섭하지 않는 것이다. 그렇게 함으로써 배우자가 스스로 결혼의 틀을 지키고 자신의 의무를 다할 수 있는 자발적인 동기가 부여될 것이라 생각했다. 그래서 내 파

트너가 결혼이라는 족쇄에 얽매이지 않고 마음껏 세상을 호흡하며 살
수 있도록 자유라는 카드를 선물했다.

앞에서 이야기했듯 나는 종종 남편에게 친구들과 마음껏 놀고 오
라고 따로 용돈을 챙겨준다. 옷도 예쁜 것으로 골라준다. 기왕이면 내
남편이 다른 여자들에게 멋있는 남자로 보이는 게 좋아서다. 숨기면
서 놀 이유가 뭐가 있을까 싶다. 심지어 여자들과 함께 있다고 해도
이 사람은 절대 딴짓을 하지 않는다고 굳게 믿는다. 그리고 어떻게 평
생 한 여자만 바라보며 살 수 있겠는가. 숨 막히게 그럴 필요 없다고
생각한다. 가정이라는 틀 안에서 나와의 가족 비즈니스에 성실히 임
하면 그것으로 충분하다.

남편 역시 나의 개인생활에 대해 관대한 편이다. 우리는 서로 친구
처럼 솔직한 속마음을 털어놓곤 한다. 남편은 항상 내 말을 믿어주고
그 이상도 이하도 알려고 하지 않는다. 일반적인 사람들이 그러는 것
처럼 아내의 휴대폰을 뒤진다거나 뭔가 의심의 눈길로 바라볼 법도
한데 한 번도 그렇게 해본 적이 없다. 아내의 반경을 폭넓게 포용해주
는 남편의 큰 그릇은 내가 스스로 지켜야 할 의무를 다하게 하고, 나를
제자리에 있게끔 만들어주는 삶의 균형추와도 같다. 바깥의 다른 사
람들을 만날 때마다 상대적으로 나는 남편에 대한 확신이 더욱 더 강
하게 든다.

일반적인 시각에서는 서로를 구속하지 않고 자유롭게 살고 있는 우리 부부의 삶의 방식이 이제껏 익숙하게 보아온 결혼 생활의 모습과는 다른, 일종의 파격으로 여겨질 수 있다. 또한 상대를 자유롭게 해 주어야 한다는 내 견해 역시 독자들의 생각과 많이 다를 수 있다. 정반대의 의견을 지닌 분들도 있을 것이다. 그분들의 의견이 틀렸고 내 생각이 옳다는 건 아니다. 각자 자기만의 비즈니스 방식이 있고 방향성이 다를 수 있다. 혹 자신의 의견과 다르더라도 널리 이해해 주시길 바란다.

그러나 결혼도 비즈니스도 혁신하는 자만이 성공이란 과실을 얻을 수 있다. 꼭 우리 부부의 예가 아니더라도 누군가의 선구적 사례가 다른 부부들에게도 반향을 불러일으키고 좋은 선례로 다가갈 수 있는 계기가 되었으면 한다.

가치 창출의
부부관계를 지향하라.

"저 인간은 허구한 날 자빠져 잠만 자지, 뭐 하나 제대로 하는 게 없어요."

"남의 마누라는 살림하면서 돈까지 벌어오던데 우리 여편네는 집에서 퍼져 놀면서 갖다 주는 돈 모자란다고 맨날 댕댕거린다니까."

"가져오는 돈은 쥐꼬리인 주제에 왜 다른 집 여자들처럼 예쁘게 못차려 입느냐고 날 구박하지 뭐예요. 아니 난들 그러고 싶겠어. 돈을 펑펑 갖다 줘봐."

"차라리 조미료라도 넣으면 맛이나 있지. 내가 식복이 없는 건 맞
나봐. 무슨 여자가 그렇게 음식을 못하냐."

세상에는 서로를 깎아먹는 관계가 있다. 바로 이런 경우이다. 어떤
부부는 공식석상에만 나오면 이런 말들로 상대편 욕을 해대기 바쁘
다. 심지어 가장 내밀한 부부관계를 거론하며 상대를 비하하는 경우
도 있다. 평소 서로에 대한 불만을 이야기하면 바로 싸움이 나기 때문
에 제삼자들이 있는 자리에서 속마음을 털어놓고 세상 사람들에게 상
대의 단죄를 요구하는 심리가 깔려있다. 내 심리적 만족을 위해 페어
플레이가 아닌 부당한 방법으로 배우자를 희생시키는 것이다.

가정과 사회를 놓고 본다면 사실 가정이란 나의 내면과도 같은 곳
이다. 그에 비해 사회생활은 나의 외형이 사람들과 교류하는 곳이다.
보통은 외부의 사람들과 만날 때 스스로의 치부라든지 준비가 덜 된
미숙한 상태는 감추기 마련이다. 대부분의 사람들은 내면의 치열한
고뇌와 사회생활을 위해 갈고 닦았던 자신을 다른 이들에게 '짠!' 하
고 보여주는 데서 사회적 만족감을 느낀다. 그럼에도 세상에서 가장
가까운 내편이어야 할 배우자가 사람들 앞에서 내밀한 사생활을 들춰
내며 흠을 본다면 어떻게 될까. 혹시 당신도 가족이나 친구들 앞에서

또는 직장동료 앞에서 농담이든 진담이든 이런 식으로 배우자에 관한 험담을 해본 적은 없는가.

또 다른 경우도 생각해보자. 세상에는 내 이득을 위해 부당하게 상대의 것을 빼앗는 관계가 있다. 자신은 늘 받기만 하고 상대는 주기만 하는 관계이다. 과거의 부부관계가 주로 그런 식이었다. 아내는 희생하고 남편은 사회적으로 승승장구하는 경우가 많았다. 그렇게 성공한 남편이 희생의 공을 알아주기는커녕 사회적인 성취를 이룬 주변 여성들과 비교하며 아내를 무시하는 일도 흔했다.

또한 남편은 열심히 일에 집중해서 더 많은 돈을 벌고 싶은데 매일 저녁 남편에게 시비를 걸며 일하고 싶은 의욕 자체를 꺾는 아내도 있다. 상대가 사회적 성취를 위해 열심히 공부하고 노력하는 것을 도와주지는 못할망정 소모적인 싸움을 걸거나 의심하며 비생산적인 방향으로 상대를 끌어내린다.

어느 경우든 상대에게 이득을 주는 게 아니라 손해를 가져다준다. 그 속성을 들여다보면 내가 상대에게 얻는 것에만 집중하기 때문에 벌어지는 현상이다. 성공적인 결혼을 위해서는 당신이 상대를 위해 무엇을 해줄 수 있을지를 먼저 생각해야 한다. 내가 결혼에서 무엇을 얻을지가 아니라 무엇을 기여할 수 있을지에 초점을 맞추고 배우자의 성장을 독려하며 도와줘야 한다.

배우자는 또 다른 나와 같다. 반쪽인 두 사람이 만나 가정이라는 온전한 하나의 인격체를 형성하는 게 부부이다. 공동운명체이며 몸과 마음이 하나여야 하는 부부가 상대를 깎아내리는 것은 곧 자기 자신에게 흠집을 내는 것과 다름없다.

비즈니스에서는 '가치'가 주된 관심사 중 하나이다. 가치는 한 가지로 정의하기 어려운 개념이다. 국어사전에서는 '사물이 지니고 있는 쓸모'라고 명쾌하게 정의되어 있다. 또한 우리가 흔히 아는 진리, 선함, 아름다움, 믿음 등 사람이 행동하는데 기준이 되는 추상적인 의의를 말할 때도 있다. 비즈니스 적 측면에서는 대체적으로 재화와 서비스가 지닌 유용성이나 만족감의 크기를 뜻한다. 가치를 만들어내는 생산적 활동을 '가치 창출'이라 한다. 반면 생산된 가치를 더 많이 차지하기 위해 부당한 방법으로 빼앗아 가거나 소모적 활동에 몰입하는 것을 '가치 착취'라고 한다.

부부사이에도 가치를 창출하는 관계가 있고 가치를 착취하는 관계가 있다. 아내나 남편은 적어도 가정 안에서 둘이 어떤 갈등을 일으키든 상대가 사회 속에서 좀 더 멋진 인간이 되는 걸 도와야 하는 존재이다. 서로에게 용기를 북돋아주어 배우자가 사회에 나가 자신을 실현하고 성취하는 데 그 누구보다 큰 도움을 줄 수 있어야 한다.

그것은 비단 사회 속에서의 성취에만 해당하는 건 아니다. 내면적인 성취, 즉 인간적인 성장에도 도움이 되어야 한다. 인생을 살아가며 사람들은 끊임없이 성숙하고 성장해간다. 그러나 누구나 다 성장을 이루는 것은 아니다. 나이만 들어가고 성숙하지 못해 가족은 물론 주변 이웃과 사회에 해악을 주는 경우도 비일비재하다.

가치를 착취하는 부부관계이기보다 가치를 창출하는 부부관계가 되도록 노력하라. 부부가 서로 양보하고 도우면 가정이 편안하다. 안전하고 화목한 가정환경의 구축은 결혼이라는 비즈니스를 성공으로 이끌고 많은 성과를 낼 수 있도록 만든다. 그로써 더 많은 가치가 창출된다. 그에 비해 서로 의심하거나 비난하는 등 소모전을 거듭하며 비생산적으로 가치를 착취하는 부부관계는 결국 가정의 파탄을 불러올 수도 있다.

서로가 서로의 성장에 도움을 주며 함께 성장을 이룩하는 '윈윈'하는 관계가 돼라. 소모적이거나 깎아먹는 형태가 아닌 생산적인 부부관계를 지향하라. 함께 살며 상대를 퇴보시키지 말고 앞으로 일보 전진시키는, 궁극적으로 서로의 발전에 도움이 되는 부부관계를 만들어야 한다. 그렇게 되기 위한 첫 발걸음은 생각보다 쉽다. 지금 이 시간부터 당장 상대의 결점을 찾아 흉을 못 봐 안달하기보다 장점을 찾고 칭찬하는 데 집중하라. 상대가 잘되는 방향이라면 내가 힘들더라도 최선을 다해 도와라. 먼저 희생하고 양보하겠다는 자세로 결혼을 대하라.

아니다 생각되면
과감하게 돌아서라

나는 사람에 대해서는 인연과 의리를 중시하기 때문에 상대를 끝까지 믿어주고 관계를 지속한다. 상대가 큰 실수를 저지르거나 내게서 떠난다 해도 용서해주고 다시 돌아오도록 만든다. 하지만 비즈니스에서만큼은 아니다 싶으면 과감하게 정리하고 보다 발전적인 방향으로 한 걸음 더 나아간다.

비즈니스에서 결단의 시점을 알아차리고 제때 실행에 옮기는 것은 몹시 중요한 리더의 덕목 중 하나이다. 그 시점까지 투자한 것에 대비해서 향후 얻는 것보다 잃을 것이 훨씬 더 많을 거라 예상될 때는 반드시 필요한 결정을 내려야 한다. 더 큰 손실을 예방할 수 있다면 투자한 금액을 손해 보는 편이 낫다.

결혼도 비즈니스인 만큼 현재의 상태가 납득 가능한 수준을 넘어선다면 차라리 돌아서는 편이 낫다. 그동안 배우자와 함께 살아온 세월, 가정의 평화를 유지하기 위해 애써왔던 노력과 희생이 제아무리 크다 해도 앞으로 남은 당신의 인생에 비하면 아무 것도 아닐 수 있다. 지나간 날은 기억 속에서만 살아있을 뿐 눈앞의 현재와 다가올 날의 소중함을 대체할 수 없기 때문이다.

지금까지 나는 부부가 서로 존중하고 배려하며 평생 함께하는 결혼 생활을 위한 해법을 제시해왔다. 그러나 그 결혼 생활이 자기 자신은 물론 배우자와 아이들의 인생을 파탄에 이르게 할 정도로 심각하게 왜곡되어 있고, 주변 사람들에게까지 지속적으로 악영향을 준다면 결단의 때가 왔음을 깨달아야 한다.

결혼을 끝내겠다고 마음먹을 때 가장 신경 쓰이는 부분은 아마도 아이들 문제와 이혼에 대한 사회적 시선일 것이다. 배우자의 수입에 의존한 삶이었다면 경제적으로 어떻게 자립해 살아갈 것인지도 당장 큰 문제이다.

아이에 관한 한 결혼 생활을 통해 자녀에게 좋은 여건을 마련해줄 수 없다면 차라리 정리하는 편이 낫다. 아이들은 부모를 롤 모델로 삼아 미래의 가정을 그리게 된다. 언어폭력이나 가정폭력에 시달리며 사는 엄마, 혹은 반대로 아내에게 착취당하며 사는 아빠는 아이들의 미래를 위해서도 결코 좋은 모습이 아니다. 좋지 않은 가정환경은 평생 그들의 상처가 되고 몸과 마음의 짐이 된다. 그럴 바엔 결혼을 오래도록 유지하는 것에 비해 차선일지라도 헤어지는 방법을 택해야 한다. 그런 상태라면 그편이 오히려 최선일 것이다.

더욱이 이제는 시대가 변했다. 부모 스스로는 자식을 위해 참고 산다고 생각하지만 아이들도 그런 환경에서 부모가 고통스런 삶을 지속하는 걸 원하지 않을 수도 있다. 그렇게 인생을 허비한 후 "난 너희 때문에 참았어."라고 두고두고 이야기한다면 자식들에겐 부담스런 짐이 될 수 있다. 잘못 들어섰다면 마음을 굳게 먹고 다른 길을 선택하라. 좋은 모습, 건강한 삶을 아이들에게 보여주는 것도 부모로서 지켜야 할 또 하나의 의무이다.

이혼에 편견을 지닌 다른 사람의 시선 따위는 당신의 삶에 전혀 도움이 되지 않는다. 당장 당신이 고통에 빠져 허우적거리는 이 순간에도 그들은 당신과 관계없이 자기들만의 삶에 집중하고 있다. 혹 당신이 파산을 하거나 건강을 크게 상한다 해도 그들에겐 그저 남의 일일 뿐이다. 경제적인 의존에서 벗어나기 힘들다면 어떡하든 자립의 길을 찾아야 한다. 우리 사회엔 한 부모 가정을 위한 지원을 비롯해서 당신이 경제적으로 혼자 설 수 있도록 돕는 제도가 적지 않다. 막연히 앉아서 생각하는 것보다 발로 뛰다 보면 분명 방책이 생길 것이다.

아니다 싶으면 대담하게 돌아서라. 당신에게 남아있는 삶의 나날을 우울과 고통 속에 보내서는 안 된다. 참고 사는 고통에 자신의 에너지를 낭비하지 마라. 차라리 돌아선 후 아이들 문제며 혼자 살아갈 생산적인 걱정에 온 힘을 기울이는 게 더 바람직하다.

결혼제도의 패러다임 전환,
'정약결혼'

인터넷의 발달과 함께 세상은 너무나도 빨리, 그리고 획기적인 양
상으로 변화해 왔다.

세상이 그렇게까지 변하고 있는 것에 비해 결혼제도는 예나 지금이
나 변함이 없다. 아직도 많은 가정에선 조선시대에나 있을 법한 가부
장적 문화가 잔재하고 있다. 수많은 여성들이 한 번의 잘못된 선택으
로 결혼이라는 평생 감옥 속에서 무기징역을 선고받은 장기수처럼 불
행하게 인생을 낭비하고 있다. 또한 적지 않은 부부들이 서로 갈등을
겪으며 마지못해 함께 살아가기도 한다. 그에 따라 이혼율은 매년 급

등하고 젊은 사람들은 아이를 낳지 않으려 하며 아예 결혼 자체를 기피하고 있다. '결혼은 필수가 아닌 선택'이란 생각이 그들 사이에 확산되는 중이다.

그러한 시대, 결혼 비즈니스를 성공적으로 이끌기 위해서는 혁신적인 변화가 반드시 필요하다. 새 시대에는 그에 걸맞은 새로운 문화가 요구되듯 우리의 결혼 문화도 낡은 관습의 틀을 벗어버리고 새롭게 거듭나야 한다. 특히 시대 변화에 적응하지 못해 파열음을 내고 있는 결혼 제도 자체의 혁신을 통해 결혼의 본래 목적과 의미를 더욱 확고하게 지켜나가야 할 것이다.

그런 시대적 요구에 부응하여 나는 이전에 없던 새로운 결혼 문화인 '정약결혼'을 생각해봤다. 정약결혼이란 일정한 유효기간을 정해놓고 결혼하는 방식을 말한다. 최소 3년을 만기로 하고 그 이후에는 결혼 당사자들의 의사에 따라 얼마든지 재계약 또는 계약의 해지가 가능하다. 이처럼 정해진 기한이 있다면 무기한으로 기간을 상정하고 있는 현재의 결혼에 비해 결혼을 대하는 당사자들의 마음가짐부터 달라질 것이다. 무엇보다 계약기간의 연장을 위해 모든 결혼 당사자가 현재의 배우자에게 최선을 다하게 될 것이다. 앞서 제시한 비즈니스 방식의 해법처럼 서로 존중하고 배려하는 결혼 생활도 어렵지 않게 이룰 수 있다. 다른 해법들이 현재의 결혼제도 안에서 이루어지는 것이라면 정약결혼은 결혼문화의 패러다임을 바꾸는 새로운 차원의 해법이다.

그와는 반대로 살아보니 서로 맞지 않는다는 결론에 도달한 배우자 사이라면 합법적으로 깨끗하게 헤어질 수도 있다. 굳이 이혼법정을 들락거리며 아름답지 못한 뒤끝을 남길 필요가 없다. 결혼 생활의 비즈니스 식 해법들은 어쩌면 적어도 변화할 여지가 있는 부부에게 해당되는 방법일 수 있다. 세상에는 나아질 여지도 의지도 없는 배우자와 최악의 부부관계로 치달리며 죽지 못해 살고 있는 사람도 있다. 정약결혼은 배우자 하나 잘못 만나 창살 없는 감옥에 갇혀 사는 사람들에게도 구원 같은 대책이며 해법이 될 수 있을 것이다.

정약결혼이라는 다소 파격적 제안에 대해 궁금증이 생겼을 당신을 위해 보다 세부적인 내용은 마지막 파트에서 상세히 다룰 예정이다.

아무리 좋은 해법이 있다고 해도
실생활에 적용하지 않으면 소용이 없다.
당신이 결혼 비즈니스 솔루션을 받아들였다면
이제는 실천에 옮길 차례이다.

* 상대 존중을 위한 실천 방안
* 갈등 해소를 위한 대화의 규칙
* 현명한 결혼 생활을 위한 Step by Step
　　▶ 1단계: 자가진단 체크리스트
　　▶ 2단계: 결혼 비즈니스 솔루션,
　　　　　　 8주 실천 일기
　　▶ 3단계: 스스로 돌아보며 반성하고
　　　　　　 개선점 적어보기

현명한 결혼 생활을 위한
Step by Step

상대 존중을 위한
실천 방안

행동은 마음의 반영이다. 한두 번 의도적인 속임은 가능하지만, 일상을 같이하는 배우자에게 마음을 속이기는 어렵다. 먼저 상대를 존중하는 애정 어린 마음을 가져야 한다. 그러면 그 마음은 당신의 행동속에 절로 녹아들게 된다. 배우자를 존중하는 마음이 있다면 일상의 사소한 언행들에 그런 마음이 배어나는 법이다. 상대는 당신의 말과 행동을 통해 그것을 감지할 수 있다. 배우자의 평소 언행을 보며 스스로가 존중받고 있다고 느끼는 일이 거듭되면 확고한 믿음으로 각인된다. 혹 둘 사이에 격앙된 감정에 의해 무례한 일회성의 해프닝이 생길

지라도, '그건 이 사람의 본심이 아닐 거야.' 하는 식의 흔들리지 않는 신뢰가 형성된다. 결국 상대에 대한 진정한 동지의식을 갖게 되는 것이다. 다음과 같은 5가지 방법을 통해 상대를 존중하는 마음을 실천해 보자.

상대의 말을 경청하기

존중을 행동으로 보여주는 가장 첫 번째 방법은 상대의 말을 경청하는 것이다. 남편이나 아내의 말이 조금 길어지는가 싶으면 딴청을 피우거나 휴대폰으로 눈길이 가는 자세는 은연 중 상대에게 상처를 준다. 그런 소소한 상처의 경험이 일상적으로 쌓이면 '이 사람은 나를 인정하지 않는구나.'라는 생각이 들게 된다. 그로 인해 함께 가정을 운영하면서 둘 사이에 흐르던 끈끈한 동지애에 점차 균열이 가기 시작한다.

인생이란 예상치 못한 사건의 연속이다. 평소 사랑과 존중으로 굳건하게 맺어진 가정이라면 그 어떤 시련이 와도 함께 맞설 수 있다. 그러나 이미 곳곳에 금이 가있는 가정이라면 커다란 충격과 마주쳤을 때 한 순간에 부서져버리게 된다. 앞에 적은 것처럼 상대를 존중하는 것은 사랑의 기초이다. 기초가 흔들리면 사랑으로 이루어진 가정의 근간이 무너지게 된다.

상대의 의견 구하기

두 번째는 가정의 대소사를 결정할 때 상대의 의견을 구하는 것이다. 가정은 혼자 이끌어가는 것이 아니다. 배우자는 가정이라는 사업체를 함께 이끌어가는 비즈니스 파트너이다. 종종 아내 몰래 친구 사업의 보증을 섰다가 아파트가 경매에 넘어갔다든지, 남편과 상의 없이 친정 동생에게 큰돈을 빌려줬다가 빚더미에 올라앉았다는 등의 사연을 듣곤 한다. 저마다 말 못할 사정이 있겠지만 적어도 인생의 가장 가까운 동반자이며 가정의 공동경영자인 배우자한테만은 의견을 물었어야 한다. 상대의 의견을 무시하고 독단적으로 결정할 거라면 굳이 가정을 이룰 필요가 없다. 혼자 사는 편이 낫다.

그러나 그 의견이란 것도 꼭 반반의 지분일 필요는 없다. 많은 부부가 그릇 장만이나 새 커튼 고르기 같은 소소한 가정사는 아내가 처리하고 자동차나 가전처럼 전자기기와 관련된 일은 남편이, 부동산 문제나 대출 같은 비중 있는 사안은 두 사람이 상의해 결정하는 식으로 자기들 나름의 특화된 의견 존중의 해법을 가지고 있다. 부부 모두에게 무리 없이 받아들여지고 상대에 대한 존중이 깃들어있다면 어떤 방식이든 괜찮다.

서로 다른 의견 조율하기

세 번째는 서로 맞지 않는 의견이나 입장에 대한 현명한 조율이다. 대개의 경우 배우자와 의견이 다르면 일단 자신의 의견이 반대 당한다는 불쾌한 감정이 일게 된다. 아무리 부부지만 서로가 다른 성격과 개성을 지닌 만큼 다른 의견이 있는 게 오히려 당연한 일일 것이다. 감정적인 대응보다는 당신의 의견에 논리적 타당성이 있는지, 그것을 왜 관철해야 하는지 허심탄회하게 상대와 의논해보는 것이 우선이다. 배우자의 의견을 들어보고 그쪽이 훨씬 더 일리 있다면 당신의 의견을 철회하거나 절충하는 열린 자세를 지녀야 한다.

'나는 말주변이 없어.'라고 생각하는 사람은 메신저를 사용해도 좋을 것이다. 글은 즉각적인 말보다는 한 걸음 물러서서 상황을 볼 수 있는 객관적 여유를 주기 때문이다. 일단 배우자가 낸 의견에 대해 고심해보는 행동 자체가 그만큼 상대를 존중한다는 반증이고 그런 자세는 배우자에게 좋은 인상을 심어줄 것이다.

서로 다른 생활방식의 절충적 수용

네 번째는 배우자의 취향과 생활방식의 절충적 수용이다. 결혼은 함께 살아가는 것이다. 잠시 룸메이트와 같이 살 기회가 있어도 상대의 생활 패턴을 존중하게 된다. 하물며 평생 같이 살아야 할 배우자라면 각자가 지닌 독특한 일상의 패턴을 수용하고, 상대에 맞춰 양보하거나 조정해야 한다. 암묵적이든 명시적이든 합의하에 함께 지켜나갈 규칙을 세우고 지키려 노력하는 자세도 필요하다. 예를 들어 당신은 벗어놓은 옷을 아무 데나 두는 타입이고 상대는 빨래 바구니에 넣기를 원하는 타입이라면 규칙 목록에 '빨래는 빨래 바구니에 넣기'라는 항목을 추가하고 당신의 습관을 고치도록 노력해야 하는 것이다. 단 그 규칙은 상식적으로 보편타당하고 합리적인 방향이어야 한다. 단순히 누구 하나의 이해할 수 없는 취향에 상대가 억지로 맞춰가도록 요구하는 것은 상생을 위한 규칙이 아닌 일방적 강요이다.

예의 지키기

다섯 번째는 예의 지키기다. 허물없는 사이일수록 적당한 거리가 있어야 그 관계가 오래도록 유지된다. 여기서 적당한 거리란 상대의 사생활을 존중할 수 있을 만큼의 심적 공간을 유지해주는 것을 말한다. 살다보면 자기도 모르게 헛말이 나올 수도 있고 무심코 실례를 저지르기도 한다. 아내니까 혹은 남편이니까 괜찮겠거니 하는 마음은 자기만족을 위한 합리화일 수 있다. 상대가 괜찮은지 아닌지는 당신이 아닌 상대의 마음에 달려있다. 대부분의 경우 상대는 당신의 무례나 실례에 마음이 상한다. 사람에 따라 벌컥 화를 내는 경우도 있지만, 그냥 넘어간다 해도 스트레스를 받았을 확률이 크다. 그럴 경우 가장 좋은 해법은 진심어린 사과이다. 그리고 동일한 실례를 저지르지 않기 위해 노력해야 한다.

갈등 해소를 위한
대화의 규칙

부부 간에 소통이 잘 이루어진다 해도 가끔은 예상치 못한 일로 의견 충돌을 일으키게 될 때가 있다. 그럴 때는 무작정 피하기보다 상대의 의견을 잘 들어보고 자신의 의견도 제대로 표출하는 바람직한 대화의 장이 되도록 이끌어야 한다. 부부싸움을 하더라도 현명한 방법을 써보라. 부부싸움에도 분명 요령이 있다. 서로의 감정을 상하게 하고 나아가 결별을 부르는 대형 전투로 발전하는 것을 막으려면 서로지켜야 할 선을 넘지 않는 모종의 규칙이 필요하다. 갈등 해소를 위한대화의 규칙 10가지를 실생활에 잘 적용하기 바란다.

감정을 앞세우지 말라

대화를 방해하는 첫 번째 요소는 감정에 치우치는 것이다. 특히 화가 나는 것을 경계해야 한다. 대화에 임하기 전 호흡을 가다듬고 되도록 편안한 마음을 갖도록 노력하자. 두 사람이 방해받지 않고 대화에 몰두할 수 있는 안정된 환경을 먼저 만드는 것도 좋다. 상대가 당신 말을 들으며 감정이 격해지는 눈치가 보인다면 "나는 싸우기 위해 말하는 게 아니야. 그러니 당신도 마음 편하게 들어봐."라는 말로 불타오르기 시작하려는 상대의 전의를 누그러뜨릴 필요가 있다. 본래 전투는 한쪽의 투지가 막강할수록 반대편도 싸울 의욕이 더 나는 법이다. 당신이 깨끗이 승복하는 자세로 나간다면 순간적으로라도 울컥했던 감정이 머쓱하게 가라앉게 된다.

먼저 상대의 말을 끝까지 들어줘라

자신이 하고 싶은 말만 늘어놓는 건 상대가 당신의 말을 들어주고픈 의욕을 꺾는다. 아무리 하고픈 말이 많더라도 일단은 배우자의 이야기를 들어보라. 설령 상대가 하는 말 중에 당신의 감정을 자극하는 내용이 있다 해도 일단은 감정을 개입시키지 말고 끝까지 들어주는 게 중요하다. 상대의 말에 대한 경청은 오고가는 대화에서 첫 번째로 지켜야 할 예의이기도 하다.

상대의 말을 들을 때는 당신의 공감 능력을 총 동원해서 그의 입장이 되어보려 노력하라. 상대를 진정 이해하는 마음으로 이따금씩 "그

랬구나.", "힘들었겠다."와 같은 말로 상대의 말에 공감을 표하라.

상대를 비난하지 말라

말하고 있는 상대의 생각 혹은 선택, 느낌에 대해, "그러면 안 되지.", "왜 그랬어?" 같은 당신의 판단이나 핀잔성 멘트는 금물이다. 상대를 비난하거나 깎아내리는 언사를 쓰는 순간 배우자는 기껏 열었던 마음의 문을 닫고 자기 방어 모드로 들어가게 될 것이다. 사람은 스스로 저지른 잘못을 뉘우치고 있다 해도 상대가 그것을 들춰내고 나무라는 순간, 사안의 전후를 잊고 무조건 반감부터 갖는 존재라는 걸 명심하라.

감정과 생각을 솔직하게 표현하라

대화 중 좋은 분위기가 형성되었다고 해서 그것을 해치지 않기 위해 자신의 감정이나 생각을 숨기는 건 갈등 해소에 도움이 되지 않는다. 자신이 어떤 걸 느끼고 무슨 생각을 갖고 있는지 솔직하게 이야기하라. 싫은 것을 좋은 척한다든지 내키지 않는데 승낙하는 건 또 다른 갈등의 소지가 된다. 감정을 드러내는 것과 감정을 표현하는 것은 다른 이야기다. 감정을 드러내는 것은 감정에 휘둘리는 상태에서 거기 몰두해 있는 것이지만 감정을 표현한다는 것은 그 감정으로부터 한걸음 물러서서 객관적으로 바라보고 묘사하는 것을 말한다.

원하는 것을 확실히 말하라

당신이 상대의 입장에 공감하고 상대가 당신을 이해해 주는 것만으로 갈등은 어느 정도 해소될 수 있다. 그러나 앞으로도 계속될 상대의 지속적인 행동이 문제라면 콕 집어 개선을 요구할 수 있어야 한다. 상대는 의외로 당신이 정확하게 무엇을 원하는지 모를 수 있다. 그 결과 어림짐작만으로 헛노력을 기울이게 된다. 자신의 어떤 특정한 행동이 당신에게 불편을 초래했다 해도 그것이 그 순간 이해되어 다행이라고 생각할 수도 있다. 그렇게 되면 근본적인 원인이 해결되지 않아 계속 갈등의 불씨가 남아있게 된다.

현재 사안에만 집중하라

대화를 하다 보면 과거 상대에게 섭섭했던 일, 이미 상대가 미안하다고 사과하고 지나간 일, 심지어 결혼식 올리기 직전의 갈등이며 연애시절에 겪었던 문제에까지 범위가 확장되기도 한다. 당신은 과거의 판례를 가져와 오늘날의 사안을 판결하는 판사가 아니다. 과거사를 들춰내는 순간 현재의 대화는 주제와 방향성을 잃고 표류하게 된다. 오늘 대화를 하게 된 이유가 있다면 그 문제에만 집중하라. 그래야 좋은 결과를 얻을 수 있다.

상대의 집안을 비하하지 마라

여성들이 밖에 나와 자기 남편을 흉본다고 거기 동조했다가 뒤통수를 맞은 경험이 누구든 한두 번쯤 있을 것이다. 사람들의 자아개념은 종종 상대적일 때가 있다. 예를 들어 친구나 친지 같은 바깥사람들에게 남편이나 아이는 나와 동일한 카테고리에 있는 자아의 일부와도 같다. 배우자에게 나의 친정, 혹은 본가 역시 엇비슷한 의미를 지닌다. 자신의 집안이란 자기가 자라온 환경이며 스스로의 정체성을 이룬 생활 공동체 혹은 문화의 방식과도 같은 존재이다. 배우자가 내 집안을 비하하는 건 나를 깎아내리는 것과 같은 모멸감을 준다. 집안을 폄하했을 때 발끈하는 배우자를 보고 '그럼 부부인 나보다 자기 집안을 더 가깝게 여기는 건가?'라고 서운해 하는 건 그런 심리적 기제를 이해하지 못한 일방적인 생각이다.

관점을 '우리'에 국한시켜라

어떤 경우든 배우자를 당신과 따로 떨어진 개별 존재로 소외시키지 마라. 결혼은 내가 아닌 우리 중심의 사고방식에 의해 굳건히 유지되는 약속이다. '우리'라는 테두리를 전제로 이야기하라. 대화 속에서 서로가 우리라는 울타리에 속해있는 한 관계를 끝장내는 최악의 경우까지 치닫지 않게 된다. 언쟁이 벌어진다 해도 그것은 나를 위한 게 아닌 우리를 위한 과정의 일부가 되므로 부부라든지 한 가족이라는 유대감이 계속 이어지게 된다.

상대에 대한 인신공격을 삼가라

아무리 감정을 가라앉히고 이성적으로 이야기한다 해도 갈등이 격화되는 순간을 맞을 수 있다. 이를테면 당신의 의견이 상대에게 받아들여지지 않는 것 같거나 상대가 반박을 해오면 의견 자체는 어디론가 사라지고 배우자에 대한 악화된 감정만 남게 된다. 그것은 부부간의 대화뿐 아니라 각기 다른 의견이 오가는 세상 모든 종류의 토론장에서도 벌어지는 일이다.

그럴 때 상대를 어떡하든 이기고 싶다는 감정에 휘둘려 배우자의 타고난 성격이나 능력 등에 대한 인신공격을 퍼붓는다면 그때까지 해온 대화는 물거품이 되고 만다. 속으론 참을지 몰라도 평생 상대에게 상처를 줄 수 있고 두고두고 계속되는 갈등의 불씨가 될 위험이 있다. 더욱이 그것은 한 인간으로서 다른 인간에 대해 지켜야 할 가장 기본적인 예의를 해치는 행동이기도 하다.

따뜻하게 마무리하고 친근감을 회복하라

각자 할 말을 다 하고 나면 그 누구보다 가깝던 부부관계가 남남 같은 관계로 전환 된 것 같은 거리감을 느낄 수 있다. 배우자에게 불만이 있었지만 이번 대화를 계기로 상대에 대한 오해가 풀려 괜찮다는 훈훈한 마무리도 중요하다. 그럼에도 불구하고 우리 사이의 사랑은 계속될 거라는 정서적 공감대를 형성해야 한다. 대화를 끝낸 후 서로 따뜻하게 포옹하거나 스킨십 같은 것으로 대신해도 된다. 부부가 좋은 건 그런 작은 제스처만으로도 금세 관계가 회복된다는 점이다.

현명한 결혼 생활을 위한
Step by Step

아무리 좋은 해법이 있다 해도 실생활에 적용하지 않으면 소용이 없다. Part 3, 4에서 결혼 비즈니스 솔루션을 배웠다면 이제는 실천에 옮길 차례이다. 여기에서는 일상 속에서 그 해법들을 차근차근 실행할 수 있도록 다음과 같이 세 개의 단계로 나누어 놓았다.

▶ 1단계: 자가진단 체크리스트

▶ 2단계: 결혼 비즈니스 솔루션, 8주 실천 일기

▶ 3단계: 스스로 돌아보며 반성하고 개선점 적어보기

먼저 1단계에서는 당신이 평소 배우자를 대하는 태도와 결혼 생활에 임하는 자세 등을 점검해 볼 것이다. 2단계는 1단계의 점검 결과에 따라 당신에게 적합한 수위와 방법으로 비즈니스 해법을 실천하는 과정이다. 그 다음 3단계에서 당신은 2단계의 실천 상황을 돌아볼 필요가 있다. 잘한 것은 잘했다고 스스로 칭찬해주고 부족한 면이 있었다면 반성한 후 어떤 면을 확충해야 하는지 개선방향을 적어보자.

각각의 단계를 성실히 밟아가다 보면 어느 샌가 당신은 한층 화목하고 새로워진 집안 분위기를 느낄 수 있을 것이다.

▶ 1단계: 자가진단 체크리스트

당신은 결혼 생활 중 얼마만큼의 비즈니스 감각을 발휘하여 가정을 이끌고 있을까. 평소 자신의 생활 패턴을 돌아보며 스스로를 점검해보자. 먼저 각 항목의 질문에 대해 본인에게 해당하는 칸에 체크해보자. 질문의 내용이 자신과 일치한다면 'Yes'를, 일치하지 않는다면 'No'를 선택하면 된다. 자신의 일상과 완전히 일치하지는 않지만 어느 정도 일치한다고 생각되면 '보통'을 선택한다.

체크를 마친 후엔 체크리스트 아래에 적힌 점수 계산법을 참고하여 당신이 선택한 각각의 선택지에 배당된 점수를 모두 합산하면 된다. 그리고 각자의 점수대에 따라 분류한 유형별 평가를 참고해보자.

No.	자가진단 항목	Yes	보통	No
1	일주일에 서너 번 이상 부부싸움을 한다.			
2	싸움이 일어나는 원인은 주로 배우자 탓이라 생각한다.			
3	부부싸움을 하면 상대가 먼저 화해를 청하는 때가 많다.			
4	배우자 성격이 바뀌지 않는 한 부부관계가 좋아질 것 같지 않다.			
5	배우자가 내 맘에 안 드는 행동을 고치지 않아 불만이다.			
6	배우자가 하는 말에 대꾸도 안 하는 적이 자주 있다.			
7	배우자의 페이스북, 인스타그램 등 SNS의 댓글을 감시한다.			
8	배우자의 휴대폰 속 문자나 메신저를 몰래 뒤져 본 적이 있다.			
9	배우자가 내 생일이나 기념일을 기억하는지 시험해보곤 한다.			
10	상대가 실수나 잘못을 하면 비난하거나 잔소리를 한다.			
11	배우자 앞에서 일부러 잘 나가는 친구 남편 자랑을 한다.			
12	내가 먼저 잘해주면 왠지 손해인 것 같다.			
13	남들이나 배우자에게 바른 말을 잘 하는 편이다.			
14	최근 가슴에 맺힌 일로 배우자의 말을 비꼰 적이 있다.			
15	배우자를 칭찬하는 게 가식처럼 느껴진다.			
16	남들 앞에서 배우자의 못마땅한 점을 욕한 적이 있다.			
17	배우자가 따로 취미생활을 하는 게 싫다.			
18	술자리로 늦는다는 배우자의 말에 화부터 낸다.			
19	집안에 곤란한 일이 생기면 일단 엄마에게 도움을 청한다.			
20	집안일에 바빠 스스로를 가꿀 시간이 없다.			
21	공부를 하거나 책을 본 지가 한참 된 것 같다.			
22	시간이 나면 전화로 수다를 떨거나 홈쇼핑으로 핫템을 사들인다.			
23	배우자와 허심탄회하게 대화해 본 지가 너무 오래 됐다.			
24	상대가 불만을 터뜨리면 나도 발끈해서 서운한 점을 말한다.			
25	최근 화가 나면 어떤 식으로든 화풀이를 해야 직성이 풀린다.			
	계			

✅ 점수 계산법

Yes=1점, 보통=2점, No=4점으로 환산해서 계산. 예를 들어 Yes가 9개, 보통이 3개, No가 8개라면, (1×9)+(2×3)+(4×8)=9+6+32=47점

〈진단결과〉 　　73점 이상 → 비즈니스 감각 레벨 상
　　　　　　　59 ~ 72점 → 비즈니스 감각 레벨 중
　　　　　　　58점 이하 → 비즈니스 감각 레벨 하

✅ 비즈니스 감각 레벨 상

당신은 선천적으로 뛰어난 비즈니스 감각을 지닌 사람이다. 결혼 생활도 비즈니스 마인드를 갖고 이성적, 합리적으로 잘 이끌어나가고 있다.

✅ 비즈니스 감각 레벨 중

비즈니스 감각은 보통 이상이지만 결혼 생활 속에서 어떻게 적용할지에 대한 감이 아직은 부족한 편이다. 다음 단계의 비즈니스 솔루션 208주 실천 일기를 참고하고, 자신에게 부족한 부분만을 반복 실천하며 요령을 터득해보자.

✅ 비즈니스 감각 레벨 하

분발이 필요한 당신, 그러나 아직 실망은 금물이다. 다음 단계의 비즈

니스 솔루션 20 8주 실천 일기를 꾸준히 실행하다 보면 얼마든지 성공적인 결혼 생활을 이끌어갈 수 있다.

▶ 2단계: 결혼 비즈니스 솔루션, 8주 실천 일기

1단계 자가진단 체크리스트 표에 체크한 부분을 살펴보면 어느 항목이 자신의 취약점인지 알 수 있다. 아래의 실천 사항 중 자신이 취약한 부분에 특별히 주의를 기울이면서 매일매일 실천하고 노력 여부를 체크해 보자.

실천 사항 체크를 위한 표 속에 예시로 적어놓은 내용 외에도 '도시락 싸주기', '구두 닦아주기', '안마해주기', '냉장고에 포스트잇으로 애정 표현 글 남기기', '좋아하는 음식 만들어주기', '하루 한 가지 칭찬하기' 등, 각 가정만의 특성을 반영한 세부 실천 사항을 따로 적어 실행해 본다.

첫 번째 주

목표: 스스로의 생각과 행동에 변화를 꾀하라

세부 실천 사항	월	화	수	목	금	토	일
생각 바꾸기							
내 안에 그은 선 없애기							
상대방 탓하지 않기							

02

두 번째 주

목표: 상대를 존중하고 배려하라

세부 실천 사항	월	화	수	목	금	토	일
배우자의 말 경청하기							
상대의 의견을 묻고 존중하기							
배우자가 말할 때 적절히 응대하기							

세 번째 주

목표: 감정 갈등을 해소하라1

세부 실천 사항	월	화	수	목	금	토	일
화나는 순간 일단 멈추기							
배우자의 말 무조건 믿어주기							
배우자의 불만 들어보기							
자신의 감정과 원하는 바를 솔직히 표현하기							

네 번째 주

목표: 상대가 진정 원하는 것을 파악하라

세부 실천 사항	월	화	수	목	금	토	일
배우자의 입장이 되어 생각하기							
배우자에게 연민 갖기							
상대가 말하지 못한 속내 파악하기							
배우자가 부탁했던 일을 잊은 건 없나 돌이켜보기							

다섯 번째 주

목표: 마음을 표현하고 행동으로 보여줘라

세부 실천 사항	월	화	수	목	금	토	일
상대에게 고맙다고 말하기							
사랑한다고 말해주기							
미안할 때 사과하기							
상대에게 먼저 베풀기							
배우자가 원하는 것 들어주기							

06 여섯 번째 주

목표: 스스로를 위해 투자하라

세부 실천 사항	월	화	수	목	금	토	일
자신만의 이미지 설정하고 가꾸기							
독서하고 강의 듣기							
스스로의 진로와 적성 탐구하기							

일곱 번째 주

목표: 상대를 자유롭게 풀어줘라

세부 실천 사항	월	화	수	목	금	토	일
회식으로 늦는다고 전화할 때 잘 놀다 오라고 말해주기							
상대가 굳이 말하고 싶지 않은 사생활 캐묻지 않기							
혼자 여행 보내주기							

여덟 번째 주

목표: 공감대를 형성하라

세부 실천 사항	월	화	수	목	금	토	일
좋은 추억 되살리기							
배우자와 추억의 장소 방문하기							
미래의 꿈에 대해 대화하기							
함께할 취미 탐색하기							
배우자가 원하는 것 들어주기							

▶ 3단계: 스스로 돌아보며 반성하고 개선점 적어보기

자 이제 드디어 8주간의 비즈니스 솔루션 실천 대장정이 마무리 됐다. 열심히 노력한 당신에게 응원의 박수를 보낸다. 하루 일을 마치고 홀로 깨어있는 조용한 밤, 마음의 거울 앞에 앉아 스스로를 비추어 보자. 나는 무엇을 잘하고 무엇이 부족했나. 단지 당신의 노력을 돌아보는 것만으로도 충분히 의미 있는 시간이 될 것이다.

뜻한 대로 실천하지 못했다 해도 자책하거나 절망에 빠질 필요는 없다. 앞으로 더 잘하면 된다. 기회는 얼마든지 있다. 다시 2단계의 첫 목표로 돌아가 처음부터 다시 시작해보자. 실패란 인정하는 자의 몫이다. 실패가 아니라 성공을 위한 과정이라 생각하면 당신 앞엔 늘 성공만 열릴 것이다.

스스로 잘했다고 생각하는 점 적어보기

뜻대로 안 됐던 일 적어보기

위태로운 결혼의
실전 비즈니스 코칭

어떤 사람과
결혼해야 할까요

의뢰인 프로필
- 이름: 한윤아(가명·여)
- 나이: 29세
- 직업: 회사원

Q 6개월 전부터 결혼을 전제로 만난 한 남자와 사귀고 있습니다. 안정적인 직장에, 시원시원한 성격, 호감 가는 외모를 지녀 결혼 상대자로 무난한 것 같아요. 무엇보다 혼기가 꽉 찼다는 친척들 말이 더 이상 듣기 싫어 이번엔 어지간하면 결혼하려 마음먹고 있습니다. 하지만 망설여지는 점이 있네요. 남친은 같이 밥 먹을 때면 생선의 뼈까지 발라서 제 숟가락 위에 올려 놓아줄 정도로 자상하지만 가끔 눈에 거슬리는 행동을 합니다. 가령 식당에 가면 종업원에게 사소한 일로도 화를 벌컥 내며 아랫사람 부리듯 막 대합니다. 보기 민

망해 말리면 돈을 낸 만큼 서비스를 받는 게 마땅하다며 고집을 굽히지 않죠. 또 새벽 3시든 4시든 본인이 내킬 때면 앞뒤 가리지 않고 전화를 해서 자다가도 깜짝 놀라 깨어 전화를 받곤 합니다. 가족들 눈치가 보여 그러지 말라고 하면 "니가 얼마나 좋으면 그러겠니?"라며 개의치 않습니다.

항상 자기가 리드하는 걸 좋아해서 데이트 스케줄은 물론 식사 메뉴도 모두 정해서 알려주죠. 처음엔 자신감 있고 행동력 넘치는 그 모습이 멋있어 보이기도 했습니다. 그런데 시간이 갈수록 그게 단점으로 다가오네요. 약속 시간 직전 갑자기 동창미팅이나 술자리가 생겼다며 데이트 날짜와 시간을 일방적으로 바꾼 게 한두 번이 아닙니다. 저로서는 꼭 참석해야 할 직원 환송회에 못 나갔거나, 반차 내고 미용실까지 갔다 왔는데 시간 낭비를 한 셈이 됐으니 스트레스가 말도 못 했죠. 불평이라도 한마디 하면 인상부터 쓰며 싫어하네요. 돌이켜보면 약속을 어기거나 본인이 잘못을 해도 한 번도 미안하다는 말을 한 적이 없었습니다.

말을 함부로 하는 것도 문제랍니다. 본인은 유머라 생각하지만 남의 결점을 들춰내 망신 주는 걸 즐깁니다. 친구들에게 저를 처음 소개하는 자리에서는, "야 니들 보기에 어떠냐? 얘가 바로 내숭 9단 한윤이다. 알고 보면 다 화장빨이니 다들 속지 마라. 솔직히 나 아니면 누가 이 못생긴 애를 데려가겠냐."라더군요. 곰곰이 되새겨보니 평소 친구들에게 저에 대해 어떻게 말했을지 감이 왔습니다. 자리를 파하고 따져 물었더니 애정 없는 사이라면 그런 농담도 안 한다며 슬쩍 넘어가네요. 아직 상견례 전인데 조금 고민이 됩니다. 이런 남자와 결혼해도 되는 걸까요.

A 결혼은 짧은 기간의 동거가 아니라 길고 긴 평생의 동반입니다. 지금 당장 가슴을 설레게 하고 그 사람이 아니면 안 될 것처럼 죽도록 사랑하는 사람보다는 한평생 내 곁에서 나와 동반하고 서로 편안하게 배려해주는 상대를 고르는 게 더 바람직하다고 생각합니다. 가슴 떨리고 열정적인 사랑의 느낌은 길어봐야 6개월입니다. 하지만 서로를 향한 변함없는 믿음과 의리는 평생을 갑니다.

결혼은 두 사람이 함께 만들어가는 것입니다. 현재 모든 조건을 겸비한 사람보다는 기본이 갖춰져 있으며 인성의 뿌리가 깊고 튼튼한 사람을 찾는 것이 중요합니다. 삶이란 아무리 완벽하게 준비한다 해도 망가질 때가 있고 좋은 조건의 사람도 환경에 따라 변할 수 있습니다. 그러나 뿌리가 깊고 튼튼한 사람은 제아무리 세찬 비바람이 불어도 흔들리지 않고 근본을 간직합니다.

제가 의뢰인이라면 상대와의 결혼을 한 번 더 신중하게 고려해볼 것 같습니다. 여종업원에게 함부로 대하는 게 지금은 사소해 보일지 몰라도 앞으로 결혼해서 편한 사이가 되면 나한테도 똑같이 할 수 있는 모습입니다. 제가 말하는 기본이란 바로 그런 것입니다. 근본이 되어 있는 사람은 상대가 누구든 존중과 배려가 몸에 배어있습니다. 물론 세상에는 그런 점에 신경 쓰지 않고 아무 문제없이 잘 살아가는 부부도 있을 것입니다. 하지만 의뢰인이 상대의 그런 점을 불만으로 생각하고 눈에 거슬린다면 본인도 그것을 싫어한다는 반증입니다. 모든 문제의 답은 본인 안에 있습니다. 보다 현명한 판단을 기대합니다.

배우자가
한눈을 팔아요

**의뢰인
프로필**

• 이름: 김민정(가명 · 여)
• 나이: 35세
• 직업: 전업주부

Q 저는 요즘 남편과 함께 외출하는 게 두렵습니다. 훤칠하고 멀끔한 남편은 어디서든 남의 이목을 집중시키는 편입니다. 저도 결혼하기 전까지는 따라다니는 남자가 꽤 있었고 사내 미혼 남자 사원들의 눈길을 사로잡던 잘 나가는 여직원이었죠. 결혼해 아이를 낳고 회사를 그만두면서 모든 게 변했습니다. 매달 연극이며 콘서트, 미술전시회를 꼬박꼬박 찾아다니며 문화생활을 하고 영화와 드라마에 등장하는 핫플 순례를 즐기던 저는 이제 화장조차 꿈도 못 꾸는 푹 퍼진 아줌마가 다 되었습니다. 하루 종일 아이가 어질러 놓은 장

난감 정리며 온 가족 빨래, 설거지 등 집안일을 하다보면 지치기 일쑤죠. 그나마 시간이 남을 때면 마트 앱 여러 곳에 접속해서 어느 마트가 더 싼지 치열하게 가격 비교를 해가며 식재료와 생필품을 사야 합니다.

그에 비해 꾸준히 몸 관리를 한 남편은 나이를 거꾸로 먹는 기분이에요. 밖에 나가 주변 여자들이 남편을 힐긋거리며 쳐다보면 신경이 쓰여 참을 수가 없어요. 더 열 받는 건 변해버린 남편의 태도지요. 남편과 결혼한 가장 큰 이유는 일과 친구, 가족마저 다 후순위로 놓고 저한테만 눈길이 꽂힌 듯 열정적으로 잘해줬기 때문입니다. 제 말만 듣고 제가 무얼 선택하든 전폭적으로 지지해주는 모습에 감동해서 평생을 맡겨도 괜찮겠다고 생각했어요. 그런데 지금은 자신에게 쏟아지는 다른 여자들의 눈길을 즐기며 은밀하게 눈빛을 주고받는답니다. 바로 앞에 있는 저나 아이는 안중에도 없지요. 와이프가 있는 데서도 그러는데 없는 데 가면 오죽할까 싶어 외식이고 뭐고 기분을 잡치고 맙니다.

흔히들 결혼한 남자들의 심리에 대해, "잡은 물고기에겐 먹이를 주지 않는다."는 말을 하죠. 제가 그 입장이 될 줄은 꿈에도 몰랐습니다. 몇 년 전부터는 자전거동호회에 들어 휴일마다 행주산성 국수집이며 춘천 자전거길 같은 라이더들의 성지 순례를 하더군요. 요즘은 사진에 정신이 팔려 시도 때도 없이 카페 회원들과 출사를 나갑니다.

가족과 함께 보내야 할 연말연시에도 일출사진 찍어야 한다며 그 사람들과 여행을 갔습니다. 이런 남편을 어떻게 믿고 평생을 살까 걱정입니다.

A 한눈을 좀 팔면 어떻습니까. 설사 배우자가 다른 사람과 마음을 주고받는다 해도 어차피 그 사람과의 죽을 것처럼 절실한 사랑도 시한이 있습니다. 힘이 들더라도 견뎌보시는 건 어떨까요. 배우자는 나를 위해 이 세상에 태어난 사람이 아닙니다. 평생 나만 사랑해야 한다는 욕심은 버려야 합니다. 진정한 동반자라면 그 사람이 좋아하는 것들을 함께 좋아해주는 용기를 가져야 합니다.

상대의 마음이 다른 사람을 향해 있다면 거기 집착하기보다 한 걸음 뒤로 물러서서 나 자신을 돌이켜보고 성장시키는 계기로 만드시면 좋겠습니다. 얼마나 좋은 기회입니까. 편한 삶 속에 안주하고 있던 스스로를 번쩍 정신 들게 만들지 않습니까. 지금 당장 거울을 보십시오. 가족을 위해 봉사한다는 합리화로 느슨해진 자신의 모습이 보이지 않나요. 배우자가 결혼 전 설레던 당신은 항상 예쁘게 가꾸던 모습이지 무릎 나온 바지에 화장도 안한 채 매일 집에서 남편 퇴근 시간만 체크하고 귀찮을 정도로 바가지를 긁어대는 아줌마가 아니었을 것입니다.

남자들의 심리가 "잡은 물고기에게는 먹이를 주지 않는다."가 맞는다면 잡은 물고기가 되지 않기 위해 노력하면 되지 않을까요. 지금 당장 미용실에 가서 예쁘게 머리하고 화장하고 친구들을 만나 보십시오. 자신이 잘할 수 있는 것이 무엇인지 적극 찾아보고 자기 계발을 위해 헬스클럽이든 학원이든 어디라도 다녀보세요. 어쩌면 우리는 게으름 때문에 스스로 어항 속의 물고기가 된 건지도 모릅니다.

더 당당하고 예뻐지고 멋있어지십시오. 현재의 위기를 나를 더욱더 발전시키고 성장시키는 계기로 만들어 보세요. 의뢰인이 말씀해주신 상황은 고객이 나의 서비스에 불만을 표하며 더 참신하고 자신을 보다 환대해주는 새로운 거래처를 뚫은 것과 마찬가지 경우입니다. 돌아선 고객이 다시 돌아올 수 있도록 내 결혼 생활 비즈니스의 부족함을 되돌아보고 점검하는 시간을 가지셔야 합니다.

상대가 결혼 생활에 불만을 토로하면
열부터 받아요

**의뢰인
프로필**

• 이름: 이름: 오태주(가명 · 남)
• 나이: 45세
• 직업: 자영업

Q 업체를 운영한다는 것은 스트레스의 연속입니다. 하루 종일
손님 비위 맞추고 종업원들 눈치 봐가며 이리 뛰고 저리 뛰다
집에 돌아오면 저녁 시간만큼이라도 아무 생각 없이 소파에 누워 TV
나 보며 쉬고 싶은 마음입니다. 제가 잠시라도 편히 있는 기미가 보이
면 아내는 얼른 옆에 다가와 낮에 겪은 이야기를 풀어놓습니다. 옆집
여자랑 싸운 이야기며 애들 학교나 학원 문제, 너무 오른 난방비 때문
에 턱없이 모자란 생활비 이야기까지.

일부 들어주는 시늉을 하면 아내는 1절을 넘어 2, 3절, 그러다 10절까지 계속합니다. 듣다못해 리모컨으로 TV 볼륨을 올리면 이번엔 "내 이야기를 듣기는 하냐?", "마누라를 무시하냐?"라며 저에 대한 직접적인 불만을 내뱉기 시작합니다. 결혼기념일 안 챙겨줘서 섭섭했던 10년 전 일, 명절 때 본가에서 자기 편 안 들어줘서 열 받았던 일, 까마득한 과거에 제가 던진 무심한 말로 상처받았다는 일 등을 끄집어내고 하나하나 늘어놓습니다. 저는 기억조차 가물가물한 걸 어떻게 그렇게 세세하게 꼽고 있는지 감탄스러울 때도 있습니다. 그리고 그 끝에는 반드시 "세상에 내가 어쩌다 이런 꼴이 됐을까. 어떤 여자는 남편 잘 만나 손끝에 물 한 방울 안 묻히고 산다는데" 같은 신세타령을 시작합니다.

아내는 도대체 매일 왜 이러는 걸까요. 생활비가 모자라면 제가 좀 더 열심히 뛰어서 한 푼이라도 더 벌어다주면 되는 거고 아이들 학원이 늦게 끝나면 차로 얼른 데려오면 되는 거 아닙니까. 하지만 결혼 잘 못한 건 제가 어떻게 해줘야 되나요? 이혼이라도 해야 하는 걸까요. 그런 이야기를 들을 때마다 답답해 화를 벌컥 내면 집안은 또 다시 냉랭한 분위기로 바뀌고 맙니다. 집구석이 편안해야 일찍 들어오고 싶은 법인데 이런 식이면 밖에서 술이나 마시고 늦게 들어오는 게 나을 것 같습니다. 대표님께서 저희 집 갈등을 없앨 신의 한수를 가르쳐 주십시오.

A 어떻게 해줘야 한다고 해결책부터 생각하시면 대화가 끊기고 맙니다. 일반적으로 남편들은 아내의 고민에 대해 해결책을 제시하는 것으로 끝난다고 생각합니다. 아내의 입장에서는 자신의 복잡한 고민을 다 털어놓기도 전에 남편이 마치 남 일처럼 성의 없이 단답형의 대답으로 대화를 회피한다고 여기게 됩니다. 부인이 원하는 것은 아마도 남편과의 속 깊은 대화일 것입니다. 여성들은 단순히 자신의 고민을 누군가 들어주는 것만으로도 갈등이 해소되는 경향이 있으니까요. 상대가 원하는 게 따로 있는데 그것을 간파하지 못하고 다른 곳을 짚는 것은 비즈니스에서도 치명적 오류가 될 수 있습니다.

물론 의뢰인의 입장에서 본다면 제가 생각해도 숨이 막힐 것 같습니다. 그런데 입장을 바꿔 부인이 사업을 한다고 가정해 보십시오. 집에 들어와 힘들다고 소파에 누워 만사 귀찮아하고 말대꾸도 제대로 안한다면 어떤 생각이 드실까요. 그처럼 시시콜콜 떠들어대는 외로운 아내를 자신이 만들었다는 생각은 안 드시는지요. 이 경우는 마치 비즈니스에서 클레임을 제기하는 고객에게 화부터 내는 격입니다. 성공하는 사업가라면 오히려 그런 고객일수록 더 따뜻하게 대하고 들어줄 것입니다. 상대가 원하는 것을 먼저 들어주고 그 이후에 내가 하고 싶은 주장을 펼쳐도 늦지 않습니다.

우리는 각자 가정이라는 공동 비즈니스를 위해 자기 파트에서 맡은 일에 최선을 다하고 있는 결혼의 파트너이자 동반자입니다. 밖에서 일하는 사람은 중요한 일을 하고 집에 있는 사람은 들어주기도 귀찮을 만큼 사소한 일을 한다고 생각하시면 안 될 것입니다. 의뢰인도 휴일에 잠깐 집에 있어 보시면 아이들 챙기는 것부터 소소하게 관리해야 할 일들까지 집안일이란 게 얼마나 많은지 실감하실 겁니다. 그중 어느 한 가지라도 소홀히 하면 반드시 어디에서든 펑크가 난다는 것도 아셔야 합니다.

아내의 이야기가 하찮게 느껴지는 건 오랜 세월 함께 살면서 생긴 익숙함 때문입니다. 결혼 초반이었다면 퇴근 후 재잘재잘 말을 걸어오는 아내가 얼마나 귀엽고 사랑스러우셨을까요. 하루쯤 마음잡고 시간을 내서서 아내에게 감동을 선사해보십시오. 함께 쇼핑도 하고 영화도 보고 드라이브를 하며 운전하는 내내 아내의 이야기를 들어주세요. 사업을 하신다면 분명 아실 것입니다. 그 어떤 힘겨운 환경이나 어려움이라 해도 모든 것은 비즈니스 리더가 어떻게 하느냐에 달려있지 않을까요. 지금의 상황이 답답하고 어렵다 해도 충분히 바뀌가고 좋은 방향으로 만들어 가실 수 있을 것입니다.

아이 문제로
곧잘 다퉈요

**의뢰인
프로필**

· 이름: 유진영(가명 · 여)
· 나이: 38세
· 직업: 보육교사

Q 저희 부부는 초등학생인 딸아이 때문에 싸우는 적이 많습니다. 저는 아이가 공부도 잘하고 사회적으로도 예의와 규칙을 지키는 반듯한 아이로 키우고 싶답니다. 그래서 엄마와 아빠에게 반드시 존대를 하도록 시킵니다. 또 집안에서 지켜야 할 규칙들, 예를 들면 휴지를 아무 데나 버리지 않고 휴지통에 넣는다든지, 놀고 난 장난감은 제자리에 정리한다든지, 벗은 옷이나 양말은 세탁물 바구니에 가져다 놓는다든지, TV는 정해진 시간에만 보는 것 등을 실행하도록 교육하죠.

저와 달리 남편은 아이를 마냥 풀어놔 주는 사람입니다. 아이들이 옷이며 장난감 같은 걸 아무 데나 버려두는 게 당연한 거지 왜 심리적인 부담을 주냐고 하네요. 아이를 영어와 수학 학원에 보내는 것에 대해서도 반대가 심합니다. 중고등학교에 들어가면 싫어도 공부에만 매달리고 대학을 졸업하면 평생 쉬지도 못하는 사회생활로 들어설 텐데 아이 시절만이라도 마음껏 뛰어놀아야 한다는 것이지요. 쓸데없이 학원 보내지 말고 그 시간에 종이접기나 그림그리기, 인형 옷 만들어 입히기처럼 아이가 좋아하는 걸 실컷 하도록 내버려두라고 합니다.

다른 아이들은 일찍부터 학원에 과외로 무장한 철벽 실력으로 중학교에 들어갈 텐데 초등학교 때 아무 준비 안 하고 놀다가 그런 아이들과 경쟁하려면 아이가 얼마나 당황할까요. 그리고 세 살 버릇이 여든까지 간다는데 한창 사회성이 형성되는 나이에 규칙 없이 자라면 나중에 뭐가 될까 걱정입니다.

아이들은 아무래도 노는 쪽이 더 좋기 때문에 저녁에 아빠가 일찍 들어오는 날이면 학원 갈 시간인데도 게으름을 피웁니다. 제가 혼이라도 내려하면 아빠가 괜찮다며 감싸주는 바람에 아이 버릇이 더 나빠지는 것 같아요. 심지어 아이는 제가 있을 때는 이것저것 잘하다가 아빠 앞에서는 편하게 아무 것도 안 하는 이중적인 태도를 취하기도 합니다. 그럴 때마다 저는 화가 나서 아이를 한층 더 혼내주게 되고 그걸 말리는 남편과도 감정이 대립하며 말다툼을 하게 됩니다. 날마다 반복되는 이런 상황에서 벗어날 바람직한 해결책이 없을까요.

A 가정마다 아이의 교육 방식이 다 다르기 때문에 어느 것이 좋다 나쁘다고 말씀드리기는 어렵습니다. 다만 아이의 입장에서 본다면 두 분이 자녀 교육에 대해 전혀 다른 생각을 지니신 것이 어머니가 걱정하시는 것처럼 아이에게 악영향을 끼친다고 생각하지는 않습니다. 오히려 저는 두 분이 각자 자신의 역할을 적절히 분담해서 잘하고 계신다고 봅니다. 부모가 둘 다 예외를 허용하지 않는 엄격한 훈육을 한다면 아이는 분명 숨이 막히고 힘들어 할 것입니다. 이 경우는 엄마가 엄한 역할을 하고 아빠는 너그러운 역할을 맡고 있어 아이에게 스스로 생각하고 판단할 수 있는 여유를 줄 것입니다. 우리도 그런 시절이 있지 않았나요.

부부는 서로 자라온 환경이 다릅니다. 내가 자식에게 어떤 부모가 될 것인지에 대한 생각도 다를 수밖에 없습니다. 함께 자녀를 잘 키워내야 할 결혼 비즈니스 파트너로서 이런 때야말로 적절한 타협이 필요합니다. 상대를 이해해주고 대화와 의논을 통해 바람직한 합의를 도출해내야 합니다. 그러기 위해 우선은 의뢰인과 배우자가 스스로를 돌아볼 시간이 필요합니다.

부모가 너무 엄격하게 자녀를 대하면 오히려 품행이 나빠진다는 연구결과가 있습니다. 어머니의 생각처럼 배우자의 방임적인 태도가 아이에게 그런 행동을 하도록 몰고 갔다고 볼 수만은 없습니다. 그와 반대로 과한 제약이 원인일 수도 있습니다. 아이들은 계획된 대로 만들어지는 존재가 아닙니다. 얼마든지 가변적으로 클 수 있는 자유의지를 지닌 존재임을 잊지 마셔야 합니다. 규칙을 지키도록 유도한다 해도 적절한 정도를 지켜야 할 것입니다.

배우자 역시 과도한 방임의 부작용을 고려해보셔야 합니다. 아이도 가정의 한 구성원으로 어울려 살아나가기 위해서는 어느 정도의 기본적인 규칙이 필요합니다. 무엇보다 중요한 것은 그러한 규칙을 정하기 전 부모가 먼저 상의하여 그 내용과 적용 방식을 통일하는 것입니다. 규칙은 일관성을 전제로 할 때 의미가 있는 것이기 때문입니다. 이랬다저랬다 하면 아이가 혼란스러워지며 규칙에 대한 신뢰도가 떨어져 잘 지키지 않게 됩니다.

한 가지 더 주의하셔야 할 것은 각자의 양육방식을 고집하는 과정에서 감정싸움으로 치닫는 일입니다. 싸움의 주제는 마치 아이인 것 같지만 속내를 들여다보면 서로의 자존심 때문인 경우가 많습니다. 서로 자기주장에 대한 고집을 버리지 못하고 교육적인 본질에서 벗어나 자존심 싸움으로 돌입하게 되는 것입니다. 그런 부모님의 모습을 보면서 불안해하는 아이를 먼저 생각해보셔야 합니다. 부모의 다툼으로 인한 불안감이야말로 아이의 성장에 가장 큰 걸림돌이 됩니다. 소아 불안감이 정서나 사회성을 관장하는 두뇌의 정상적인 발달을 저해한다는 여러 연구 결과가 있습니다. 진정으로 아이를 위하신다면 아이 앞에서 다투는 일을 자제하셔야 합니다.

시댁 문제로
갈등이 많아요

의뢰인
프로필

• 이름: 강지수(가명 · 여)
• 나이: 31세
• 직업: 잡지사 기자

Q 결혼 1년차인 저는 하루하루가 고통스럽기만 하네요. 남들은 무드 등 켜고 와인 잔 기울이며 신혼의 낭만적인 밤을 보낸다는데 저희에겐 남의 나라 일이에요. 시도 때도 없이 들이닥치시는 시어머님 때문이죠. 저희 집에서 10분 거리에 사시는 어머님은 둘이 오순도순 사는 모습이 궁금하시다며 저녁 운동 때마다 들르십니다. 어떤 땐 제철 과일이 나왔는데 이건 꼭 사다줘야 한다는 핑계로도 오신답니다. 매일 외식할 테니 휴일만이라도 집 밥을 제대로 먹어야 한다며 토요일마다 집에 오셔서 직접 요리를 해주시기도 합니다. 처음엔

월요일에 저희가 출근하면 현관 비밀번호를 누르고 집에 들어오셔서 일주일치 반찬을 냉장고에 갖다 놓으시곤 했죠. 부부가 둘 다 야근에 뭐에 바쁠 때면 집에서 저녁 먹는 게 힘드니 자연스럽게 반찬이 그대로 남는 경우가 많았지요. 그러자 어머님이 특단의 결정을 내려 저희의 주말 시간에 불쑥 뛰어들게 되신 거랍니다.

시어머니가 주방에 계시면 며느리인 제가 가만히 앉아있을 순 없지 않나요. 파 다듬고 마늘 까고 재료 씻으며 조수 노릇하느라 종일 서성거리면 다리가 다 저려온답니다. 일주일 내내 회사 일로 바쁘다가 주말만이라도 쉬고 싶은 저는 편한 옷으로도 못 갈아입은 채 토요일마다 시집살이하느라 고통에 떨고 있습니다. 어머님이 제가 밥을 전혀 안 해 먹을 거라고 단정하시는 것도 속이 상합니다. 저도 되도록 저녁이나 주말만큼은 집에서 음식을 만들어 먹으려고 노력하는 편이거든요. 제가 요리할 기회를 당신이 빼앗는다는 생각은 왜 못하시는 걸까요.

"그럼 나보고 어떡하라고? 엄마 우리 집 오시지 말라고 해?"

남편의 대답은 늘 정해져있습니다. 어쩌다 불만을 토로하면 저런 식으로 답을 하니 말도 못 꺼내고 속만 썩고 있습니다. 분명 사생활을 방해받고 당하는 건 저인데 말을 꺼내면 마치 제가 아들과 엄마 사이를 못 떼어놔서 안달하는 못된 여자인 것처럼 되어버리네요. 제발 시어머니가 저희 집에 좀 안 들르셔서 저도 우리 부부만의 사생활 공간을 갖고 싶습니다.

A 만약 이런 주제가 인터넷 게시판에 오른다면 엇비슷한 불편을 토로하는 여성들의 댓글이 빼곡히 달릴 것입니다. 의뢰인은 아마도 서로간의 처지를 비교하며 동병상련의 심경으로 위로받을 수는 있을 것입니다. 하지만 그 어떤 내용도 의뢰인이 원하는 바를 얻을 수 있는 현명한 해결책을 제시해주긴 어려울 것입니다. 일단은 불편을 초래한다고 느끼는 상대가 웃어른이고 대화로 손쉽게 해결할 수 있는 사안도 아니기 때문입니다. 상황이 그렇다면 저는 책의 본문에서도 강조했듯 의뢰인 자신이 먼저 변화하는 게 가장 빠르고 손쉬운 길이라 생각합니다. 그것이 바로 비즈니스 방식의 솔루션입니다.

변화를 위해서는 우선 생각의 방향을 바로잡을 필요가 있습니다. 결혼하면 남편이 무조건 내 것이어야 한다는 생각을 버려야 합니다. 나의 배우자는 나와 둘만의 시간을 갖는 남편이지만 동시에 한 어머니의 아들이기도 합니다. 너무나 당연한 이 사실을 우리는 종종 잊습니다. 아직 신혼이니 향후 자식을 낳아 키워보시면 잘 아실 것입니다. 내 목숨보다 귀한 자식에게 좋은 게 있으면 가장 먼저 먹이고 싶고 아프면 아플세라 추우면 추울세라 걱정하며 오직 자식 생각뿐인 게 부모 마음일 것입니다.

자식을 향한 그런 부모의 마음을 몰라주거나 무시하고 내 입장만 정당하다고 여긴다면 그것 또한 또 다른 고부갈등의 원인이 될 수 있습니다. 의뢰인의 걱정처럼 영영 지속될 것 같은 어머님의 그런 행동도 아마 한때의 일일 것입니다. 평생 그렇게 자주 오시기도 힘듭니다. 정황을 살펴보면 결혼한 지 얼마 안 된 자식이니 여러 가지로 걱정이 되시고, 몇 십 년 품에 안고 살아오시다가 갑자기 떼어놓으려니 안쓰러운 느낌이 드시는 것 같습니다. 평생 남편과 함께 살아가야 할 우리가 그 심경을 이해해 드려야 하지 않을까요. 시어머님의 입장에 서서 생각해보면 오히려 그쪽이 더 억울할 수도 있습니다. 귀하게 키운 자식이 다른 사람에게 가버린다면 그 역시 처음엔 받아들이기 힘든 일입니다. 부모님이니까 당연한 건 없습니다. 사람의 감정은 누구나 마찬가지일 테니까요. 그런 어마어마한 사랑을 빼앗았으니 내가 조금 더 손해보고 내가 더 불편한들 어떠할까요.

어머니가 일일이 신경 써주시기 전에 내가 먼저 잘하면 됩니다. 상황을 선의의 선순환 구조로 만드시면 좋겠습니다. 시댁을 배려하고 챙겨드린 것은 의뢰인에게 고스란히 되돌아올 것입니다. 진심으로 시댁 부모님을 존경하고 사랑한다면 며느리에 대한 아낌없는 지지와 후원으로 돌아오게 됩니다. 인간관계의 기본은 가정에서 비롯된다는 걸 잘 아실 것입니다. 가장 가까이에 있는 내 가족조차 내 편으로 만들지 못한다면 사회의 어떤 사람들과 좋은 관계를 유지할 수 있을까요.

이런 사람과는
헤어지는 게 맞을까요?

의뢰인 프로필

• 이름: 이상희(가명 · 여)
• 나이: 48세
• 직업: 전업주부

Q 어디서부터 이야기를 시작해야 할까요. 저는 결혼한 지 20년 동안 단 하루도 마음 편한 날이 없었습니다. 언제 불호령이 떨어질지 모르는 남편의 눈치를 보며 살아야했기 때문입니다. 남편은 저보다 훨씬 많이 배웠고 사회적으로도 존경받는 직업을 가진 사람입니다. 하지만 집안 내에서는 아무도 남편의 말을 반대할 수가 없었습니다.

저희 집은 아들만 둘입니다. 아이들은 불쌍하게도 따뜻하고 화목한 집안 분위기를 한 번도 겪어본 적이 없습니다. 가족 여행이나 외식 같은 것도 전혀 없었지요. 밖에 나가 돈 쓰고 돌아다니는 건 괜한 낭비라는 남편의 지론 탓입니다. 남편은 자기 마음대로 하는 독재자였습니다. 남자아이들은 어려서 버릇 들이지 않으면 어른이 돼서 부모한테 대들게 된다며 엄한 체벌로 아이들을 키웠습니다. 제가 사람들과 어울리는 것도 싫어해서 결혼 후 한 번도 친구를 만든 적이 없지요. 심지어 친정식구들과도 명절 때나 만날 정도였습니다. 자기 심경에 거슬린다 싶으면 아무 때나 화를 벌컥 내며 손에 잡히는 것을 집어 던지곤 해서 제가 다친 적도 있습니다. 언어폭력이 너무 심해 남편이 입을 열면 제게도 아이들에게도 한마디 한마디가 비수처럼 내려와 꽂히곤 했습니다. 생활비도 딱 주는 만큼만 받아서 그 한도 내에서 써야 했지요. 그래도 자신에게 시집 와 평생 어려움 없이 살고 있으니 남편 잘 만난 줄 알라고 큰소리치는 게 다반사입니다. 경제권은 물론 발언권이 전혀 없으니 저는 마치 조선시대 노비라도 되는 것처럼 남편 하자는 대로 모든 일을 해왔지요.

5년 전에는 부하 여직원과 외도를 하다가 제게 들키기도 했습니다. 그날 밤 관계를 따져 물으니 "남자가 그럴 때도 있는 것 아니냐. 바로 정리하면 되는 것 아니냐."며 도리어 화를 내더군요. 하도 단호하게 이야기해서 정말 그만둔 줄 알았습니다. 그런데 얼마 전 신문기사를 보다가 새로 자리를 옮겨 간 곳에 그 여직원을 데리고 간 사실을 알게 되었습니다. 아마 재회를 했나 봅니다. 최근 들어 유독 외박이 잦고 다른 여자들과 빗대어 제 단점을 자꾸 지적했던 기억이 납니다. 아이들에게도 누굴 닮아 성적이 그 모양이냐, 돌대가리 아니냐는 등 폭언을 서슴지 않았지요. 남편에겐 마치 저와 아이들이 벗어버리고 싶은 짐처럼 여겨지는 듯싶습니다.

제 성격 자체가 화를 잘 못 내고 좋은 게 좋은 거라는 생각으로 가정생활에 적응하며 살아왔습니다. 저라는 인격이 완전히 무시된 가정 내 상황이 너무 괴로워서 헤어지고 싶을 때도 많았지요. 그래도 두 아이에게 어떡하든 가정이라는 테두리를 유지해주고 싶어 꾹꾹 참아왔네요. 하지만 제 나이 이제 낼모레면 오십입니다. 더 이상 이렇게 살 수는 없지 않나 싶기도 합니다. 한 가지 걸리는 것은 고등학생, 중학생인 큰 아이, 작은 아이예요. 한창 사춘기인 아이들이 상처받지 않을까 싶은 마음에 쉽사리 결단을 내리지 못하고 있습니다. 대표님이 제 입장이라면 어떤 선택을 하실까요.

A 저라면 헤어질 것 같습니다. 의뢰인은 무엇을 위해 결혼했고 왜 아이를 낳으셨나요. 아마도 행복한 가정을 일구고 2세를 낳아 번듯하게 키우며 그 안에서 자기 자신을 실현하고 싶은 꿈이 있었을 것입니다. 하지만 지금 의뢰인의 가정에는 부부간의 신뢰가 없

고 존중과 배려는 물론 사랑도 없습니다. 아버지와 자식 간에도 애정보다는 일방통행식의 권위적 부권만 자리하고 있는 것으로 보입니다. 하루하루가 절망적인 삶 속에서 어떤 의미를 찾으며 살아갈 수 있을까요.

결혼을 비즈니스 방식으로 이끌어가는 것에는 바로 이런 경우에 대한 현명한 해답이 들어 있습니다. 지금까지 살아온 세월과 이혼으로 인해 아이들에게 미칠 부정적인 파장을 감안한다 해도 앞으로 남은 의뢰인의 인생 전체와 맞바꿀 정도는 아닐 것입니다. 의뢰인의 가정이 남달리 화목했고 아이들도 그런 분위기 속에서 행복하게 자랐다면 최후의 결정을 내리기 전에 다시 한 번 관계 회복을 위해 노력해보는 편이 나을 것입니다. 그러나 의뢰인이 가장 걱정하고 계신 아이들에게 이 가정은 과거와 현재를 통틀어 어떤 모습을 보여주고 있을까요. 그 아이들의 눈에 비친 어머니는 어떤 모습일까요. 어쩌면 남편의 압제에 짓눌려 숨도 못 쉬는 비참한 모습은 아닐까요. 아이들도 분명 어머니의 그런 삶을 원하지 않을 것입니다. 마음을 굳게 먹고 미래를 위한 결단을 내릴 시점이 아닌가 싶습니다.

단, 그러한 선택에 후회가 없도록 이제부터는 자신의 인생을 위해 최선을 다해 보시기 바랍니다. 스스로를 더 사랑하고 나 자신을 위한 삶을 살아가세요. 더욱 당당해지고 아름다워지세요. 자기 자신을 위해 적극 투자해보세요. 아이들에게도 현재처럼 불행한 삶의 모습보다 당당하고 자신감 있게 인생의 길을 헤쳐 나가는 어머니의 모습이 더 좋은 영향을 줄 것입니다.

결혼 생활에
회의를 느껴요

의뢰인
프로필

• 이름: 유동현(가명 · 남)
• 나이: 43세
• 직업: 회사원

Q 저는 집사람이 하자는 대로 모든 걸 다 하는 타입입니다. 처음에는 부모님 뜻을 따라 본가 옆 아파트에 신접살림을 차리려 했으나 결혼 직전 집사람의 강력한 반대에 부딪혀 처갓집 동네에 집을 얻었습니다. 처가가 가까우니 처갓집 대소사는 물론 장인 장모가 휴일에 마트 가실 때도 일일이 모시고 다닙니다. 반면 부모님이나 누나하고는 통화하는 것조차 질색을 해서 집에서도 못하고 퇴근길 차에서 대화를 나눌 때가 많습니다. 아내는 제가 동창과 통화를 하거나 친구들과 만난다고 해도 싫어하는 표정이 역력합니다. 어쩌다 한 번

나갔다 오면 계속 눈치가 보여 한 2박3일간은 꼼짝없이 설거지에 진공청소기 돌리기, 재활용쓰레기 버리기, 음식물쓰레기 처리까지 모두 다 제가 해야 합니다. 상대가 싫어하는데 굳이 친구 녀석들이랑 술 마시고 떠드는 것도 썩 내키지 않더군요. 그러다 보니 본가 가족도 동창도 친구도 모두 제게서 멀어져 요즘은 외로운 생각이 다 듭니다.

아이들은 아이들대로 저를 돈 나오는 자판기쯤으로 여기나 봅니다. 큰 딸아이는 중2가 되면서 제가 무어라 말을 붙이려고 하면 "아빠 또 라떼야? 아 듣기 싫어."라며 피합니다. 초등생인 작은 아들은 게임에 방해된다며 인상을 찌푸리죠. 강아지마저 집안 서열을 아는지 유독 제게만 이빨을 드러내며 으르렁거릴 때가 많습니다. 저는 집에서 그야말로 낙동강 오리알 신세랍니다.

그동안 공처가가 행복하다는 선배들 의견을 금과옥조처럼 알고 지내왔는데 이제 40 중반이 되어가니 제게도 슬슬 갱년기 증후군이 시작되나 봅니다. 이 불합리하고 일방적인 결혼 생활에서 벗어나고픈 생각이 간절히 듭니다.

A 결혼 생활이란 건 정답이 있지 않지요. 각각의 가정들이 처한 사정에 따라 천차만별로 다를 것입니다. 부부 사이가 반드시 동등한 힘의 역학이 작용할 필요는 없다고 생각합니다. 서로 양보하고 절충하면서 절묘한 내부적 균형이 이루어지는 것이 이상적인 부부 관계일 것입니다. 말씀만으로 짐작해 본다면 의뢰인은 자신의 의견을 내세우기보다 주로 부인의 뜻에 맞춰주며 살아오신 듯합니다. 어쩌면 의뢰인의 가정은 특별한 문제가 없이 평온함을 유지하는 것처럼 보였을 것입니다. 그 비결은 아마도 의뢰인의 전적인 양보일 수도 있습니다.

하지만 양보와 배려는 자발적일 때 의미가 있습니다. 타의에 의한 것이라면 강요일 뿐입니다. 의뢰인은 부인에게 늘 양보하며 살면서도 마음 한구석엔 소외감과 상실감, 박탈감을 느끼고 있습니다. 인간관계를 앗아간 부인에 대한 원망도 느껴집니다. 그런 느낌들이 의뢰인의 내면에 가득 차있기 때문에 막 독립심이 싹트는 아이들의 성장 과정을 겪으며 생겨나는 갈등을 부모로서 포용할 마음의 여지조차 없는 것으로 보입니다.

가정의 행복을 위해 구성원 중 누군가가 일방적으로 희생한다면 그 것은 절반의 성공일 뿐입니다. 의뢰인과 부인이 다 같이 만족감을 느끼는 상태가 되어야 진정한 행복이라 부를 수 있겠지요. 이제부터라도 조금씩 자신의 의견을 표현하는 방법을 기르시면 좋겠네요. 의뢰인 혼자 그러한 노력을 시작한다면 부인의 입장에서는 갑작스레 변화한 남편에 대해 당황하거나 반감을 가질 수도 있습니다. 서로 조용히 집중할 수 있는 분위기에서 본문 중의 '올바른 대화' 부분을 참고하여 의뢰인의 심경을 먼저 솔직히 털어놓는 기회를 가져보시길 권합니다.

생각해보라.

나와 결혼해서

평생 나만 사랑해야 하고

평생 나만 바라보며 살아야 하는

그런 족쇄를 왜 만들려고 하는가.

결혼하면 그렇게 살아야 한다는 숨 막히는 규범은

누가 만들었던가.

나는 내 결혼 비즈니스 파트너를

결혼이란 굴레에서 해방시켜주고 싶다.

나는 내 파트너가 내가 아닌 다른 파트너를 만나며

자신의 파트너가 얼마나 괜찮은 존재인지를

매일매일 실감하며 감동했으면 좋겠다.

나는 내 파트너가 자신의 일과 삶에 충실할 수 있도록

행복하고 건강한 결혼 생활 비즈니스에

그와 동행하고 싶다.

나는 내 파트너가 나를 가장 신뢰하고

나와 있는 공간을 좋아하며

늘 지루하지 않도록

날마다 그와 함께 비즈니스 파티를 즐기고 싶다.

나는 정약(定約) 결혼을
제안한다

결혼 기피 현상을
창의적 발상으로 돌파하라

인터넷이 개발되고 전 세계적으로 확산되면서 세상은 마치 인간이 최초로 불과 도구를 사용할 줄 알게 된 시기만큼이나 획기적인 변화를 맞고 있다. 새로운 기술이 출현하는 주기도 짧아졌다. 인공지능 바둑 프로그램인 알파고가 세계적인 바둑 전문기사들을 이겨 세상을 놀라게 한 게 불과 몇 년 전이다. 어느새 인공지능 챗봇인 챗GPT와 창작이 가능한 생성AI가 등장하여 인간만의 고유 영역이라 여겨지던 판단력이나 창의력까지 넘보는 세상이 되었다. 그에 따라 비즈니스 환경도 나날이 변하고 있다. 이제는 단순히 이윤만을 추구하던 고전적 개념에서 벗어나 제품이나 서비스를 사용한 사람들의 생각이나 느낌, 평판을 중시하는 사용자경험UX이 주요 쟁점이 되고 있다.

정보통신기술의 발달이 가속화될수록 우리 사회 곳곳에서는 예상치 못한 현상들도 벌어지고 있다. 젊은 세대는 결혼을 기피하고 아이 낳기를 꺼린다. 출산율도 나날이 곤두박질치고 있다. 통계청이 최근 발표한 자료에 의하면 2022년 우리나라의 합계출산율은 전년 대비 0.03명이 줄어든 0.78명으로 역대 최저치를 기록했다. OECD 회원국 중에서도 가장 낮은 비율이다. 심각한 저출산 추세로 인해 우리나라는 생산연령인구인 15세~64세의 비율이 급감하는 인구절벽의 위기에 직면해있다.

그런 현상에는 어느 하나로 원인을 규명해내기 힘든 복잡한 사회문화적, 경제적 요인이 복합되어 있을 것이다. 취업률이 낮아져 결혼생활을 시작하거나 육아비용을 감당할 만한 경제적 여유가 없는 것이 직접적 원인으로 꼽히고 있다. 여성의 사회 진출은 늘었지만 여전히 육아의 짐은 그들 몫이기 때문일 수도 있다.

개인적으로는 결혼을 필수가 아닌 선택으로 여기며 출산율이 제로에 가까워지는 것이 세상의 변화와 동떨어져 있는 현행 결혼제도의 부작용은 아닐까 싶다. 일상 속에서 결혼 생활의 고충 사례를 대할 때면 세상이 그토록 빨리 변해가는 데 비해 결혼의 속내만큼은 참 더디게도 변하고 있구나 하는 생각이 든다. 확실히 결혼의 현실은 아직도 전근대적 속성에서 벗어나지 못한 면이 있다.

우리네 부모 세대가, "너희 때문에 마지못해서 참고 산다."고 했던 것처럼 수많은 부부가 상대로부터 언어나 육체적 폭력에 시달리고, 갈등이 상존하고 있음에도 아이 때문에 혹은 이혼에 대한 두려움 때문에 참고 사는 경우가 적지 않다. 통계 자료로는 몇 년 새 이혼율이 감소한 것으로 나타나고 있지만 이는 결혼 건수 자체가 워낙 큰 폭으로 줄어든 것에 그 원인이 있다고 분석되고 있다. 1996년의 결혼 건수가 43만여 건이었던 것에 비해 2022년의 결혼 건수는 19만여 건으로 반 토막 이하 수준까지 줄었다. 실질적으로는 잠재적 이혼이 만연해 있을 것이라 본다.

따지고 보면 인공지능을 만든 것이나 점차 디지털화가 가속되어가는 세상도, UX를 추구하는 비즈니스 문화도 그 본질은 인간을 위한 편리한 세상을 만드는 것에 있다. 기계나 기술보다 인간을 중심에 놓으려는 사상이 그 출발점인 것이다. 그럼에도 인공지능 등이 인간 고유의 삶의 영역을 침해하거나 디지털 소외가 일어난다면 그것은 본말이 전도된 것이다. 그 초심과 본질에 충실하기 위한 또 다른 개선이 뒤따라야 할 것이다.

다른 모든 것이 변화했는데 결혼 제도만은 제자리에 머물고 있다. 세상의 변화에 따라 생각도 삶의 방식도 달라진 사람들에게 낡은 제도를 강요하는 격이다. 결혼을 기피하게 되는 게 오히려 자연스러운 일일 것이다. 디지털 시대의 변화에 발맞추지 못하고 사각지대에 놓이게 된 결혼제도에 대해 우리는 좀 더 심각한 논의를 해보아야 할 것이다.

어떤 분야든 지속적인 문제점이 발견된다면 고쳐야 하는 게 마땅하다. 비즈니스에서도 현재 진행 중인 사업방식에 문제가 많다 싶으면 리셋하고 제반사항을 재점검해서 새로운 시스템을 도입하는 게 상식이다. 기존 결혼제도의 폐해로 결혼 기피 현상까지 벌어지고 그로 인해 출산율이 급격히 저하되고 있다면 이미 새로운 결혼제도의 필요성이 절실히 요구되고 있다고 보아야 옳을 것이다.

시한의 절박함이
결혼에 생기를 부여한다

실존주의 철학자 사르트르와 여성운동의 선구자 보부아르의 계약
결혼은 전 세계적인 이목을 끈 역사적 사건이었다. 그들은 처음 2년
동안만 결혼을 지속하기로 계약했지만 무려 51년이나 동반 관계를 이
어갔다. 엄밀히 말하면 그들의 계약결혼은 우리가 아는 보통의 결혼
과는 다른 형태였다. 두 사람은 평생 동지로서의 연을 끊지 않은 채
애초에 계약서에 적었던 것처럼 각자 다른 사람들과 자유롭게 사랑을
나누었고 경제적으로도 독립된 삶을 살았다.

세상에는 이미 그러한 변화를 감안한 새로운 형태의 결혼이 출몰하고 있다. 몇 년 전 한 유명 탤런트 부부의 '졸혼'이 화제가 된 적이 있다. 졸혼은 오래도록 함께 살아오며 자녀 양육 등을 끝마친 부부가 결혼 상태는 유지하면서 결혼의 의무에서 벗어나 각자 자유롭게 자신의 삶을 살아가는 것을 뜻한다. 졸혼이란 용어는 한 일본 작가의 책에서 비롯된 것으로 알려진다.

'공생혼'이란 결혼 방식도 있다. 졸혼과 마찬가지로 일본에서 처음 만들어진 공생혼은 부부가 공동생활을 한다는 의미이다. 공생혼을 택하는 커플은 혼인신고를 한 정식 부부이면서도 마치 같은 집에 사는 셰어 하우스의 하우스 메이트와 비슷한 생활을 한다. 남편과 아내가 각방을 쓰며 식사나 가사노동도 따로 해결한다. 수입도 각자 독립적으로 관리한다. 부부 간의 성생활이나 공동의 미래에도 딱히 관심이 없으며 각자의 사회적인 성취에 더 큰 가치를 두고 살아간다. 대신 명색이 부부인만큼 상대의 도시락을 싸주는 등의 애정 표현을 하는 때도 있다. 법률상 부부이기 때문에 병원에 입원하거나 필요한 경우 서로가 법적 보호자가 되어준다. 그런 점이 독신이나 동거보다 나은 이 결혼의 가장 큰 메리트로 꼽힌다.

졸혼이나 공생혼은 통상의 결혼에서 생겨난 새로운 문화이다. 그중 공생혼은 결혼에 대한 고정관념에서 벗어나 각자 원하는 바를 얻고 서로 필요한 것을 제공하는, 어찌 보면 영리한 결혼의 형태라고도 할 수 있다. 그러나 한편으로는 결혼만이 가져다 줄 수 있는 중요한 가치들은 놓치고 사는 게 아닌가 하는 아쉬움이 있다. 배우자나 가족이 주는 울타리 같은 안도감과 결속감, 부부간에 서로 전폭적으로 믿어주고 헌신하며 공동운명체로서의 유대감을 갖는 것이야말로 결혼의 큰 장점이다.

나는 이 지면을 통해 결혼이 지닌 소중한 가치들을 강화하면서도 기존 결혼제도의 문제점을 보완할 수 있는 새로운 결혼 방식인 '정약결혼'을 제안하려 한다. 앞의 파트에서 잠시 언급한 것처럼 정약결혼이란 일정한 유효기간을 정해놓고 결혼하는 방식을 말한다. 우선 3년의 기한을 정해 결혼한 다음 만기가 되면 배우자 간 서로 합의하에 결혼 기간을 연장하는 형식이다. 둘 중 누구든 상대가 마음에 들지 않으면 결혼 계약을 해지할 수도 있다. 공생혼이 아이를 낳지 않는 결혼 방식임에 비해 정약결혼은 출산과 육아 모두 가능하다. 기존의 결혼 방식에 단지 '기한의 약속'이라는 조건이 붙은 형태이기 때문이다.

정약결혼은 결혼이란 인류의 오랜 관습 자체를 부정하거나 해체하려는 의도가 아니다. 서로 사랑하는 남녀가 발전적인 동반자 관계를 이루기 위한 결혼의 본질에 보다 충실하자는 취지이다. 또한 남자보다는 여자가 불리하고, 어느 하나의 희생이 강요되는 기존 제도의 폐

해를 바로잡으려는 시도이다. 결혼당사자인 두 배우자가 서로 존중하고 배려하며 상대에게 성실성을 기하는 이상적인 결혼 생활을 만들기 위한 새로운 결혼방식의 제안이다.

정략(政略)결혼?
정약(定約)결혼!

'정약결혼'이라고 하면 대부분 정략결혼을 떠올릴 것이다. 그러나 정략결혼이란 집안이나 나라의 이익을 위해 당사자의 의사와 관계없이 결혼을 시키는 일종의 강제 결혼이었다. 발음의 유사성 때문에 혼동될 수는 있지만 정약결혼은 정략결혼과 전혀 관계가 없는 말이다.

'정약定約'이란 "조건을 붙여 약속이나 계약을 정한다."는 뜻이다. 주로 보험이나 은행권 등의 계약서에 흔히 쓰이는 '약정'이라는 단어와 비슷한 의미를 지니고 있다. 정약결혼은 '배우자 간 합의하에 혼인의 유효기간을 일정 기한까지 약속하여 정해놓은 결혼'으로 정의할 수 있다.

　결혼당사자인 두 사람은 혼인을 신고한 뒤부터 서로 약속해 정한 기한까지 부부로 결혼 생활을 지속하게 된다. 예를 들어 3년 약정이라면 혼인 신고일 다음날부터 3년째 되는 날까지 혼인 상태를 유지할 수 있다. 약속한 기한이 종료되면 협의하에 혼인 상태를 끝내거나 재계약을 진행하여 원하는 만큼 기한을 갱신할 수 있다. 약정 기한은 혼인에 대한 책임과 의무를 지키고 혼인을 가벼이 여기는 풍조를 방지하기 위해 3년, 5년, 10년, 20년 단위로 정할 수 있다. 결혼 당사자 쌍방이 원한다면 평생 약정도 가능하다.

　결혼에 기한을 정하는 이유는 결혼당사자인 두 사람에게 절박감을 주기 위해서이다. 현재의 결혼제도에서는 결혼하는 그 순간부터 텐션이 사라진 고무줄처럼 마음이 느슨해진다. 처음에는 새로 겪어나가는 일에 대한 설렘과 호기심 때문에 일상이 즐겁지만 아무리 좋은 것도 반복되면 지루해지는 법이다. 상대가 세월이 많이 흐른다 해도 내내 곁에 있을 거라는 상상은 한편으론 안도감을 준다. 그러나 다른 한편으로는 상대에 대한 신비감이 사라지면서 더 이상 상대를 알고 싶지도 관심을 쏟고 싶지도 않게 될 것이다. 상대를 위해 특별한 노력을 기울일 의욕도 사라지게 된다. 때마다 돌아오는 기념일조차 마지못해

하는 행사가 될 것이고 결혼 생활 자체가 점점 영혼 없이 형식에만 치우치는 권태로운 나날이 될 위험성이 크다. 마치 벗어날 수 없는 감옥에 갇힌 것처럼 숨 막히는 기분을 느낄 수도 있다. 그런 상황은 상대적으로 바깥활동을 많이 하는 배우자에겐 벗어나고 싶다는 욕망을 부추길 것이다. 반대로 집에 있는 배우자는 상대가 밖에서 일탈 행위를 할까봐 초조해지고 의심하며 집착하게 될 수도 있다.

정약결혼을 통해 기한을 정하면 그런 염려들이 한순간에 사라지게 된다. 일정 시간이 지나면 사라지는 것만큼 절박한 것은 없다. 봄날의 벚꽃이나 가을날의 단풍이 한층 아름다운 이유도 금세 떨어져버리기 때문이다. 삶의 한순간 한순간이 소중한 것도 한 번 지나면 다시 돌아오지 않아서이다. 결혼에도 시한이 있다는 사실을 염두에 두는 순간 당신은 하루하루가 지나는 게 안타깝게 느껴질 것이다. 그런 날들을 아무렇게나 흘려보내는 일은 있을 수 없다. 사람은 절박할수록 본인의 최대 능력을 발휘하게 되는 존재이다. "내일 죽을 듯이 오늘을 살아라."라는 말처럼 매순간 결혼에 최선을 다해 충실하게 될 것이다.

더욱이 3년이 지난 뒤 당신이 상대에게 선택 받아야 하는 입장이라 생각해보라. 당장 마음가짐부터 달라질 것이다. 더 열심히 상대를 기쁘게 해주기 위해 노력할 테고, 상대가 원하는 것을 들어주기 위해 양보하고 헌신할 것이다. 상대를 존중하고 이해하려 애쓰며 나보다 상대를 먼저 배려할 것이다. 그리고 그런 행동들은 곧 가정의 행복으로 이어진다. 다시 한 번 기억을 되새겨 보라. 앞의 파트에서 결혼 비즈니스를 성공으로 이끌기 위해 내가 제시한 해법의 핵심이 그런 노력 안에 모두 포함되어 있지 않은가.

정약결혼의 장점은 또 있다. 세상에는 사이좋은 부부만 있는 건 아니다. 젊은 날 배우자를 잘못 고른 단 한 번의 실수로 평생 빠져나올 수 없는 늪처럼 결혼에 얽매여 사는 사람도 있다. 자식 때문에 혹은 상대의 강압에 못 이겨 헤어날 결단을 못 내리고 평생을 살아가는 그들에게 정약결혼은 유일한 구원이요 해법이 될 수 있다. 정약결혼이 제도화 된다면 그런 이들이 두려워하는 이혼에 대한 사회적 편견이나 이혼한 가정을 바라보는 잘못된 시선도 사라질 것이다.

또한 정약결혼은 결혼에 대한 선택권의 폭을 넓혀줌으로써 결혼을 통해 더 나은 배우자를 만날 수 있는 기회를 가져다줄 것이다. 자신을 성장할 수 있게 도와주는 이상적인 상대를 만나 삶 속에서 자아를 실현하고 발전적인 성취를 이루는 데 도움을 줄 것이라 확신한다. 누구나 결혼 전에는 자유롭게 여러 사람을 만나보고 안 맞으면 헤어지기도 한다. 그러는 과정에서 보다 나와 잘 맞는 사람을 찾을 수도 있다. 그러나 한 번 결혼을 하고 난 후엔 혼인증명서라는 서류 하나에 발이 묶여 그런 기회를 완전히 포기해야 한다.

생각해보면 얼마나 비생산적인 삶인가. 결혼으로 새로운 상대에 대한 갈망이나 본능을 완벽하게 차단당한 탓에 수많은 남편 혹은 아내들이 남의 눈을 속여 가며 바깥의 이성을 만나고 불륜을 저지르는 역기능이 생겨난다. 그렇다고 해서 배우자에 대한 성실성을 저버린 개인적인 부정이나 도덕적 일탈에 면죄부가 주어질 수는 없겠지만 이를테면 그런 측면도 없지 않아 있다는 의미이다.

만약 정약결혼을 통해 합법적으로 또 다른 상대를 택할 수 있는 기회가 주어진다면 좀 더 활력 있는 인생을 살 수 있을 것이다. 자신과 잘 맞는 사람을 만나고 그 한 사람에게 평생 충실하며 사는 쪽이든, 또 다른 이성을 만나 새로운 삶을 꿈꾸든 그것이 완전한 자유 의지에 의해 이루어질 때 우리는 보다 성숙한 삶을 살게 되는 게 아닌가 싶다.

정약결혼이 대중화되기 위해서는 반드시 해결되어야 할 사안이 있다. 바로 출산과 자녀 양육에 관한 문제이다. 3년이나 5년, 10년 등의 기한으로는 아이를 낳아 키우는 것이 불가능하다. 하지만 그것조차도 생각의 틀을 과감하게 바꿔야 할 필요가 있을 것이다. 인구의 지속적인 감소는 전 세계적인 추세가 되어가고 있다. 그렇다면 언제까지나 기존 결혼 제도를 고집하며 손 놓고 있기보다는 획기적인 자녀 양육 방식의 변환을 이루어야 할 것이다. 정약결혼 방식이 널리 퍼진다면 부부가 한 가정 내에서 아이를 키우는 게 무의미해질 수 있다. 양육

권에 융통성을 발휘하거나 공동사회 전체가 양육을 책임지는, 좀 더 열린 방향의 자녀양육이 가능하도록 새로운 제도를 만들어야 할 것이다. 결혼의 시한에 대한 부담에서 벗어나 아이를 출산하고 기를 수 있는 여건이 조성된다면 인구절벽 문제 해결에도 일조할 수 있을 것이다.

결혼의 결속을 강화하는
'정약결혼 무브먼트'

정약결혼은 3년 혹은 5년 후의 결별이 목적이 아니다. 시한의 절박감을 결혼에 도입하여 결혼 생활을 더욱 충실하게 만들기 위함이다. 궁극적으로는 서로가 최고의 결혼 파트너가 되어 평생 함께하는 성공적인 결혼이 가능하도록 돕는 최적의 맞춤형 결혼 방식인 것이다.

그런 이상적인 취지에도 불구하고 하루아침에 제도를 바꾸는 것은 쉬운 일이 아니다. 역사상의 모든 개혁은 언제나 거대한 반대에 부딪혔다. 현재 전 세계적으로 몸살을 앓고 있는 연금개혁 문제도 마찬가지다. 이미 고착화된 제도를 한순간에 고친다는 것은 흐르는 강물의 물줄기를 바꾸는 만큼의 힘과 노력이 든다. 더욱이 결혼제도는 인간의 본능과 사회적 습성이 융합되어 각 문화권에서 형태만 조금씩 다를 뿐 본질은 비슷하게 유지되어 왔다. 그처럼 뿌리 깊은 역사를 지닌 제도를 일거에 바꾼다는 건 그 무엇보다 어려운 일일 것이다.

또한 정약결혼이 정상적으로 작동하기 위해서는 법률적 도움이 필요하다. 그러나 사회 안에서도 기존의 관습과 제도를 유지하려는 보수적 입장의 최전선에 있는 법의 개정까지는 요원한 일이다. 그렇다고 해서 포기한 채 현행 결혼제도의 문제점을 바라만 보고 있을 수는 없다. 누군가는 먼저 바람직한 문화를 만들기 시작해야 한다. 그러한 문화가 확산되면 언젠가는 사회 전체가 정약결혼의 취지에 공감하는 날이 올 테고 결국은 법의 개정과도 연결될 수 있을 것이다.

아직은 아이디어 단계이지만 정약결혼이라는 단어가 각종 포털 사이트의 어학사전을 비롯해서 전 세계 백과사전의 표제어로 실리게 될 날을 꿈꿔 본다. 무엇보다 정약결혼이 온 세상에 확산되어 결혼 당사자인 두 사람이 평생 긴장감을 잃지 않고 상대에게 충실하며, 소중한 결혼 생활의 한 순간 한 순간을 행복하게 누릴 수 있는 그날을 그려 본다.

진정 현명한 사람은
가정도 일도 포기하지 않는다.

순간순간들이 모여서 삶이 된다. 치열한 삶의 나날들이 쌓이면 큰 인생의 궤적이 그려진다. 매 순간에 충실하며 사는 것, 매 순간 가치 있게 사는 것이 바로 내가 살아가고 존재하는 이유이다. 우리의 인생은 계획한 대로 이루어지지 않을 때가 더 많다. 그러나 열심히 살고 있다면 후회가 있을 수 없을 것이다. 지나놓고 보면 가장 후회스러운 순간은 할 수 있음에도 하지 못한 경우였다. 모든 것을 다 해낼 수는 없지만 가장 현명한 방법은 할 수 있는 모든 것에 최선을 다하는 일이다.

내 삶의 모토는 '균형 잡힌 삶'이다. 일과 가정 중 어느 한곳으로도 치우치지 않고 어느 한 가지도 소홀히 하지 않으며 열심히 사는 것이다. 나의 일은 나를 세상에 실현하고 존재 의의를 느낄 수 있는 성취감의 보고였고 내 가정은 삶의 에너지를 샘솟게 하는 마르지 않는 근원이었다. 두 가지 모두 내가 성공적인 인생으로 가는 길에 함께 가져가야 할 내 삶의 기반들이다. 지금까지 나는 일과 가정을 지키기 위해 최선을 다해 살아왔기에 후회가 없다. 앞으로도 그럴 것이다.

그런 의미에서 나는 스스로의 일과 가정에서의 삶을 성공이라 여긴다. 실패가 있었다 해도 그것을 과정으로 삼아 늘 더 나아졌다. 내 성공의 비결을 묻는다면 두 가지를 꼽고 싶다. 첫 번째는 긍정적인 마인드이다. 나는 내 앞에 닥친 모든 일과 상황을 긍정적으로 받아들인다. 이미 벌어진 일에 대해서는 빨리 잊고 그 다음을 생각한다. 두 번째는 인간관계를 소홀히 하지 않는 것이다. 그런 자세는 사람들에 대한 무한한 신뢰에서 비롯된다. 이 세상에 아무 쓸모도 없는 사람은 없다고 생각한다. 인간은 누구나 서로 다른 각양각색의 매력과 역할을 가지고 태어나는 존재이다. 그런 생각으로 믿어주고 다져놓은 인간관계는 내가 성장하는 모든 과정에서 지렛대의 역할을 해주었다.

결혼은 모든 사람이 겪는 일이다. 모든 일의 선택은 책임이 따르고 그 일의 결과도 자기가 만드는 것이다. 결혼을 꼭 해야 되는 이유는 없지만 나는 내가 결혼을 선택했기에 성공적인 것으로 만들기 위해 노력했다. 만일 결혼을 안 했더라도 그 삶이 성공적인 것이 되도록 최선을 다해 뛰었을 것이다. 내가 결혼을 선택한 이유는 열심히 살아가야 할 의미가 가정 속에 있다고 생각했기 때문이다. 결혼은 연애처럼 설렘과 떨림의 느낌은 아니지만 공허하고 지치고 나약해질 때 그 소중함을 절실히 깨닫게 해주는 내 마음의 집이다. 힘들고 외로울 때 한

결같이 나를 응원해주고 믿어주며 내 편이 되어주는 안식처가 있다는 것은 참으로 행복한 일이다.

그럼에도 불구하고 오늘날 여성에게 있어 결혼과 가정생활은 힘겹고 녹록치 않은 상대이기도 하다. 우리 부모님이나 조부모님 세대들은 기본적으로 아이를 대여섯 명 이상씩 낳아 어떻게 그렇게 성인이 되도록 잘 키워내셨나 존경스러울 따름이다. 요즘은 아이가 하나나 둘뿐인 경우가 대부분이지만 주변을 둘러봐도 모두들 자녀 양육을 힘겨워한다. 바깥일을 병행하는 사람은 그 사람대로, 전업주부는 전업주부대로 아이 키우는 일과 집안일, 직장 일을 모두 해내느라 매일 매일을 전쟁처럼 치러내고 있다.

남자들도 예외는 아니다. 예전엔 집안일과 바깥일이 엄격하게 구분되어 있었다. 남자들은 바깥일 한 가지에만 열중하면 됐다. 오늘날은 부부가 함께 한 가정을 이끌어나가기 위해 네 일 내 일이 따로 없다. 몸이 파김치가 되어 퇴근을 했어도 설거지를 해야 하고 일주일 동안 쌓인 재활용품을 분리해서 제날짜에 갖다 버려야 한다. 잠이 가물가물 오는 밤 10시가 넘을 때까지 학원 앞에 차를 세우고 기다리다가 아이를 데려와야 한다. 휴일이 되었다고 쉴 수도 없다. 나들이나 외식 같은 가족을 위한 봉사는 토요일, 일요일에 집중되어 있기 때문이다. 본인도 함께 즐기긴 하지만 종일 운전을 하고 나면 뒷목이 다 뻐근하다.

그러나 어떡하겠는가. 그것이 인생인 것을. 나도 그런 과정을 똑같이 겪고 있는 한 사람의 기혼자로서 책을 쓰며 결혼 생활을 하고 있거나 결혼을 준비하는 모든 이에게 남 같지 않은 끈끈한 동료애를 느끼곤 했다. 여기서 다룬 가정 내의 갈등과 사연들이 가정사로 인해 어떤 형태로든 고통을 겪는 이들의 마음을 적절하게 긁어주었으면 하는 마음이었다. 또한 책을 읽는 동안만이라도 본인을 되돌아볼 수 있는 시간이 될 수 있었으면 하는 바람이다. 내가 제시한 해법들 역시 많은 이들이 결혼 속에서 마주치는 고민을 해결하고 부부가 평화롭게 공존하는 데 실질적인 도움이 되었으면 한다. 어렵고 힘들지만 훗날 인생을 되돌아볼 때 후회가 없도록 가정도 일도 결코 포기하지 말고 최선을 다하자고 말하고 싶다.

책이 나올 때까지 보이지 않는 곳에서 수고해주신 여러 관계자 분들과 격려하고 성원해준 나의 가족들에게 감사드린다. 책을 쓸 수 있도록 조언을 주신 박장진 대표님, 힘을 실어주신 한근태 소장님께도 이 지면을 빌려 감사의 말씀을 드리고 싶다. 또한 항상 옆에서 나를 도와주는 우리 더록시 직원들, 오늘날 내가 이 자리에 있게끔 내 심장이 되어준 서진화 이사님께 특별히 고마운 마음을 전한다. 그리고 그 누구보다 오랜 세월 변함없이 내 곁에서 한결같은 사랑으로 나를 응원하고 지지해주는 우리 권건우 씨에게 마음 깊은 감사의 인사를 전하고 싶다.

2023년 7월 박시연

CEO 박시연의 결혼 생활 필승 전략

결혼도 비즈니스다

1판 1쇄 발행 2023년 7월 14일

지은이   박시연

발행인   김성룡
코디   정도준
편집 · 교정   김은희
디자인   김민정

펴낸곳   가연
주소   서울시 마포구 월드컵북로 4길 77, 3층 (동교동, ANT빌딩)
문의메일   2001nov@naver.com
구입문의   02-858-2217
팩스   02-858-2219